楽しみながら
成長できる

保育リーダーの教科書

菊地奈津美 著
中村章啓 協力　シロシオ 漫画

中央法規

はじめに

私は、大学を卒業してから保育の仕事に携わり、担任・主任を経験し、現在は園長をしています。自分が現場で担任をしていた頃は、とにかく目の前の子どもたちとどう過ごそうかと試行錯誤していることが楽しくもあり忙しくもあり、「ミドルリーダーが園の保育の質や実践の核となっている」と聞いても、あまりピンとこなかったように感じます。明日の保育は何をするか？　運動会では何をしよう？　そんな目の前のことで頭がいっぱいでしたから…。

今、園長になって5年目を迎えようとしています。この立場になって感じるのは、リーダーがとても心強く、とても重要で大切な存在であるということです。園長になると現場で保育をするわけではありませんから、園の保育実践を支えているのは、リーダーをはじめとした現場の保育者たちです。現場上がりの私は「私だったらこうするのに…」なんて思い、時には現場に出られないことにもどかしさを感じることもありますが、同時に、リーダーの成長が園の成長でもあり、保育の質を支えていることを実感しています。

目の前の子どもたちに愛情を注ぎ、子どもたちのためによい保育をしたいと心から願い、学んだり悩んだりしながら懸命に実践しているリーダーたち。また、職員同士の人間関係に頭を悩ませ、どうしたら気持ちよく働けるだろうかと懸命に考えているのも、現場を支えているリーダーたちでしょう。リーダーが存分に力を発揮し、やりがいをもって楽しく保育をすることが園にとってどれほど大事なことか、今になってようやくわかるようになってきました。

リーダーともなれば、保育実践にとどまらず、チームづくりや後輩の育成、上司とのかかわりなど役割は多岐にわたるので大変です。園の規模等によってリーダーのあり方や求められていること、悩み、苦労もそれぞれです。

本書は、リーダーとしての考え方やあり方について楽しく学ぶことのできるように、一部漫画を取り入れて作成しました。第1章では、そもそもリーダーとは何か？　どうあるべきかについて、第2章では実際にリーダーが遭遇する場面での対応を具体的に紹介しています。

本書を手にとってくださる方々は、よい保育をしていきたいという情熱をおもちでしょう。本書がリーダーとしてがんばるみなさんのささやかな一助となれば幸いです。

こどもの王国保育園西池袋園　園長　菊地奈津美

CONTENTS

第1章

いきなり
リーダー任命。
リーダーって何？

保育のリーダーと言われて、
みなさんはどのような役割をイメージしますか？
まずは、今求められるリーダーのあり方と役割を考えてみましょう。

チームワークのあり方とリーダーの役割の変化

リーダーと聞いて、みなさんはどんな人をイメージしますか。「黙って俺についてこい」というような強いリーダーシップを発揮して、みんなを引っ張っていく人でしょうか。それとも困った時にはそばにいて、一緒にどうしようかと寄り添ってくれる人でしょうか。思い返してみると、私の周りにはいろいろなリーダーがいました。部下を信頼し「どんどんやってみなさい」と温かく見守ってくれるリーダーや、穏やかだけどどこか頼りないリーダー、何でも自分の思いどおりにしたいリーダーや、とにかく苦情がこないようにと禁止が多いリーダー…。ひと言にリーダーといっても、いろいろな人がいるものです。

情熱的でやる気に満ちあふれているリーダーが近くにいると、一緒にいるだけで元気がもらえる！　もっと一緒にいて学びたい！　と思ったものですが、勢いがありすぎて疲れてしまう…と距離をとる人もいて、人によって求めるリーダー像もそれぞれなのだと感じたこともありました。具体的に指示をしてほしい、と思う人もいれば、もっと任せてほしい、口を出さないでほしいなんて思う人もいるのですから、リーダーも大変ですよね（笑）。誰にでも慕《した》われる完璧なリーダー像なんてものはないのかもしれません。

金子みすゞさんの詩、「わたしと小鳥とすずと」に出てくる「みんなちがって、みんないい。」というフレーズは有名ですね。今でも座右の銘としている人が多いかもしれません。みんなが一緒、同じことを同じようにできることが評価されてきた時代から、その人らしく生きることを大切にする、そんな時代へと社会は変わってきました。強いリーダーシップをもつ人が示した道をはみ出さないように歩くという時代から、それぞれが得意なことを活かしあって、一つのチームとして機能していく。私たち保育者のチームワークのあり方も変わっていかなくてはなりません。

最近では、「分散型リーダーシップ」という言葉が使われるようになってきました。一人の強いリーダーがすべてを引っ張るのではなく、それぞれが得意な分野・活躍できる分野でリーダーシップを発揮し、チームみんなで協調しながら進んでいく、現代らしいリーダーシップのあり方です。みなさんの園でも園長や主任だけではなく、副主任、学年主任、クラスリーダー等、さまざまなリーダーがそれぞれのスキルやその人らしさを活かしてリーダーシップを発揮し、活躍していることと思います。キャリアアップ研修が充実し、園長や主任だけでなくミドルリーダーの育成の重要性が叫ばれる今。現場の実働の核となる彼らの存在は、保育園の質の向上やその園の働きやすさに直結しているといってよいでしょう。

本書では、今まであまり語られることのなかった、副主任や学年主任、クラスリーダーとして活躍するリーダーたちの役割やあり方を見つめ直し、苦悩や工夫を紹介しながら、園におけるリーダーのあり方への理解を深め、保育の質を向上させ、働き続けたいと思える園づくりのヒントを探っていきたいと思います。

そもそもリーダーとは？

それでは、園におけるリーダーとは、実際にどんな役割を担っているのか考えていきましょう。ここでいう「リーダー」とは、園長や主任などの管理職ではなく、実践者として活躍し、チームの長に当たる人。役職でいえば副主任、学年主任、クラスリーダーがそれに当たります。

園とひと言でいっても、「保育所」「幼稚園」「認定こども園」と、運営形態はさまざまです。また200人、300人の園児がいる園もあれば、園児数が一桁という園もありますから、保育現場のリーダーの位置づけはさまざまでしょう。

保育現場のリーダーとして期待される役割は、所属する組織によってさまざまですが、大きく次のように分類されると考えられます。

❶組織を目標達成に導いていく

リーダーを日本語に訳すと、集団を率いる長・全体を取りまとめる統率者となります。どこに向かうか、何を大切にするのかなどの方向性を示し、メンバーをけん引していくのがリーダーの役割です。クラスリーダーであれば、園の目標や全体的な計画などを加味したうえで1年間のクラス目標を示し、そこに向かっていけるようにメンバーを引っ張っていくことが求められます。

❷メンバーそれぞれが活き活きと働ける組織をつくる

目標が達成できたとしても、チームのメンバーにストレスがかかり、モチベーションが下がったり退職してしまっては、よいリーダーとはいえません。リーダーとして組織のチームワークを高め、メンバーそれぞれが自分の力を発揮してやりがいを感じながら活き活きと働くことができる、そんな組織をつくっていくことが求められます。

❸メンバーの育成をする

配下のメンバーを育成していくことも、リーダーに期待される役割の一つです。組織のなかに新人や若手の保育者がいれば、彼らがプレイヤーとしてより活躍していけるように、指導をしたり、実践の場をつくったり、悩みを聞いたりしていくことが求められます。

プレイヤーの延長がリーダーではない

クラス担任としての経験を積んできた人がリーダーの役を担うというのは、当然の流れのように思います。しかし、こうしてリーダーに期待される役割について考えてみると、リーダーになるということは、いち保育者だった時とは大きく違う役割を求められているということがわかると思います。リーダーになる前は、周りの人と協力しながら、自分の力を十分に発揮できるようにとがんばっていたことでしょう。しかしリーダーになった時には、自分の力を発揮しプレイヤーとして活躍することも大切ですが、周りの人たちが力を発揮して活躍したり成長したりできるような環境をつくることを求められるようになるというわけです。

プレイヤーとしての仕事に必要な能力と、リーダーとしての仕事に必要な能力は、必ずしも連続性があるわけではありません。もしあなたがリーダーになりたてで、うまくいかない、私は向いていないんだと自信をなくしてしまいそうだとしたら、心配しなくて大丈夫です。あなたがいち保育者として優秀であったとしても、リーダーになった時にはリーダー1年目。わからないことやできないことがあって当然なのですから。

リーダーの役割について言葉で言うのは簡単ですが、実際に実践することは実はとても大変ですね。リーダーとしてのあり方に絶対解はありません。チームのメンバーや状況が変われば、リーダーとして求められる役割やあり方も変わっていくでしょう。その意味では、リーダーとしての成長には終わりがないのかもしれません。より素敵なリーダーになるためには？　ということを考え続け、学び続ける姿勢が非常に大切なのです。

リーダーのあり方

園長が変わると園が変わる。これは私が公立園時代に痛いほど感じてきたことなのですが、同じように感じている人も多いのではないでしょうか。私が勤めていた自治体の公立園では、園長が2、3年で異動になります。職員は6年前後で異動になるので、職場全体のメンバーが毎年少しずつ変わるのですが、園長が変わる年は、園の雰囲気や保育の仕方、人間関係までも変わってしまうことがあるのですから不思議です。組織は長のあり方で変わるのです。

さて、もし組織は長のあり方で変わるのだとしたら、クラスはクラスリーダーで変わるということになります。もしあなたが何かのリーダーを担っているとしたら、その組織はあなたのあり方で変わるということ。組織を変えたいと思っているとしたら、変えるべきなのは組織ではなく、あなた自身なのかもしれません…。なんていうと、リーダーになることがすごく重荷になりそうですが、リーダーはチームの長としての役割を担っていくと同時に、そのあり方が大きく影響していくものであるということを認識しておきましょう。

ここで、私が3歳児クラスを担任していた時の出来事を紹介します。担任していた3歳児クラスの男の子たちは、やたらと一番を競いあってはよくけんかをしていました。着替えが一番に終わると「オレが一番！」と自慢をし、移動する時には列の一番前を取りあって「オレが一番だよ」とけんかをするのです。そんなに一番に固執しなくてもいいのに…と思っていたのですが、ある日とあることに気がつきました。私が「お、一番に終わったね～」と着替えや片づけが一番に終わった子、一番に並べた子を褒《ほ》めていたのです。

子どもたちが一番に固執するのはこのせいかもしれないと思った私は、列に並んだ時に後ろに並んでいる子を褒めるようにしました。「Aちゃんは一番一番！ってけんかをしないで後ろに並べるんだね～、すごいなぁ」という具合です。すると、一番を競ってけんかをする場面が少しずつ減っていきました。

しかし今度は、新たなけんかが始まったのです…。

ある日、午睡の部屋であるホールに移動するため列をつくって並んでいた時のこと。後ろで女の子2人が何やら言い争いをしていました。近くへ行って聞いてみると、「Aちゃんが後ろ！　前に行って」「やだ、Bちゃんが後ろ!!」。なんと今度は、一番後ろを競いあって（譲りあって？）けんかをしていたのです。

保育者の日々の声かけで、「一番前はかっこいい」「一番後ろが素敵」という価値観が子どもたちに伝わったのでしょう。言葉のかけ方や伝え方には気をつけないといけないと思わされた事例でした。

これは保育実践の話ですが、リーダーとメンバーにも同じようなことがいえると思います。組織のメンバーが何かに挑戦しようとしている時に、「応援するよ」と笑顔で言うリーダーなのか、「失敗しないでね」と厳しい目で見守るリーダーなのかによって、メンバーが挑戦しようとするかしないかが分かれることは想像がつきますよね。リーダーのあり方や言葉一つで組織の雰囲気や価値観が決まっていく。思っている以上に、リーダーには影響力がある、ということは忘れてはいけません。

感謝を大切にし、言葉で伝える

私の園で働くパートさんの話です。担任の先生たちが「本当によく気がついて動いてくれて助かる」と噂をしていたパートのCさん。お仕事どうですか？　と声をかけてみると、「これで合っているのか、ちゃんとできているのか不安です。私なんていなくても回るんじゃないか、本当に必要か、と思うこともあります」と弱音を吐いたことがありました。先生たちがとても助かっていると話していたことをすぐに伝えると、安心した様子で「これからも力になれるようにがんばります！」と帰っていきました。毎日のことになると、改めてお礼をいったりフィードバックをしたりすることが少なくなります。しかし、少しのことでも「やってくれてありがとう」「とても助かっています」ということを言葉にしてきちんと伝えていかないと伝わらないものだと感じたエピソードでした。

リーダーは、課題や問題が起こったら率先して解決する、できていないことがあれば指摘をするというイメージをもっている人も多いかもしれません。しかし同時に、できていることに着目し、メンバーのがんばりに感謝し、それをしっかり伝えていくことも大事な役割であるといえるでしょう。

チーム一番の情熱家であれ

リーダーよりも熱い思いで物事に当たる人は出てこない。リーダーは一番の情熱をもって事に当たれ。これはとあるセミナーでいわれた言葉です。

私は仕事と並行して、任意団体をつくり、保育関係のプレゼンテーション大会や勉強会を開催してきました。自分の意識が低い時には、周りのメンバーの意識も下がり、全体の動きが遅くなります。反対に、自分が情熱全開で活動している時は、その情熱が伝染し、みんなで一緒になって活発に意見を交わし活動していける。そういうことをたくさん経験してきました。園の運営やクラスの運営にも同じことがいえます。リーダーが「このクラスをよくしたい」というモチベーションを高くもち、情熱をもってがんばっていることが伝わると、周りの人はきっとあなたを応援したくなり、協力してくれるようになるでしょう。クラスのリーダーが自分のクラスの運営について考え、クラス内の保育の質の向上について頭を悩ませ、実践に移していこうとする、その情熱が実はとても大切なのです。

情熱をもつ、と聞くと「私は情熱家ではない」なんて思う人もいるかもしれません。しかしここで伝えたいのは、いわゆる〝熱い人〟であるべきだということではありません。〝一生懸命であれ〟ということです。どんなに仕事ができる優秀な人であっても、一生懸命仕事をしていない人に、周りの人はついていきません。反対に、あまり器用ではない人であっても、その人がどうにかよいチームをつくろうとがんばっている、そんな姿勢がみえたら、人は応援したくなり協力したくなり一緒にがんばりたくなるものです。

みんなが力を存分に発揮し、やりがいをもって働けるチームをつくる、と言葉で言うのは簡単ですが、実践するのは、とても難しいことです。しかし「そんなの無理だ」と投げ出してしまえば、よいチームに近づくこともできません。仲間を信頼し、自分を信頼し、たとえ根拠はなくても私たちならもっとよくできる、必ずよくしていこう、という情熱をもつのです。どうしたらよりよいチームになるかという日々の試行錯誤の積み重ねが、あなたをリーダーとして成長させてくれるでしょう。

第2章では、リーダーが遭遇する場面における対応について紹介します。リーダーのスキルは多岐にわたりますから、すべて完璧にできなくてもいいのです。自分を信頼し、よりよいチームにしていこうという情熱を忘れずに、少しずつ前に進んでいきましょう。

第2章

リーダー1年生 奮闘記

第1章では、リーダーの役割・人物像を整理してきました。
では、実際の保育場面でリーダーはどのような働きが
期待されるのでしょうか？
架空の保育所・おひさま保育園の新人リーダー、
福島絢夏さんの1年間を通して考えます。

おひさま保育園の概要

園長

小杉佳子

（55 歳）

資格：保育士・幼稚園教諭
既婚

おおらかな性格で、話は聞いてくれるものの、解決に向けてすぐに動いてくれるタイプではない。保育については子ども主体の考えはあるが、具体的な方法を明示してくれるわけではないため、保育者は迷うことも多い。実は、絢夏の保育園時代の担任。絢夏が保育者を目指すきっかけとなった人物。

主人公（副主任）

福島絢夏

（31 歳）

担当：2 歳児（兼乳児リーダー）
資格：保育士・幼稚園教諭
未婚

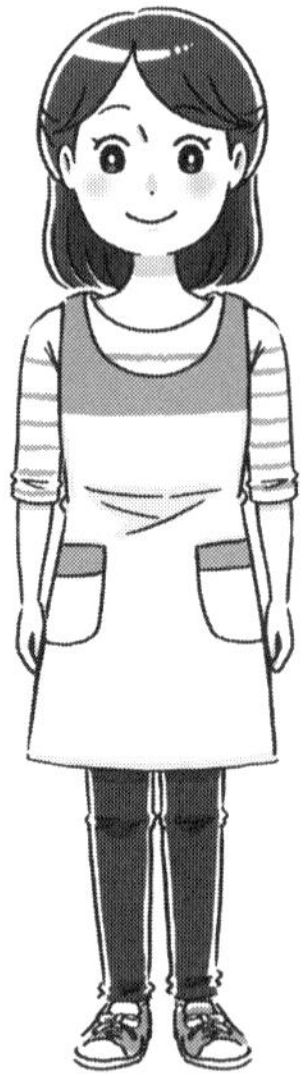

大学を卒業後、150 名定員の大規模保育所に就職。20 人を超える子どもたちをうまくまとめることができず、保育は楽しかったが迷うことも多かった。もう少し人数の少ない園で働きたいと思い転職。おひさま保育園で勤め始めて 3 年目。

今年は 2 歳児を担任。初めて新卒と一緒にクラスをもつことになり、クラスリーダーとなった。副主任として若手の話を聞く立場となり、自信はないががんばろうと思っている。

副主任

原田りく

（32 歳）

担当：4 歳児（兼幼児リーダー）
資格：保育士・幼稚園教諭
既婚

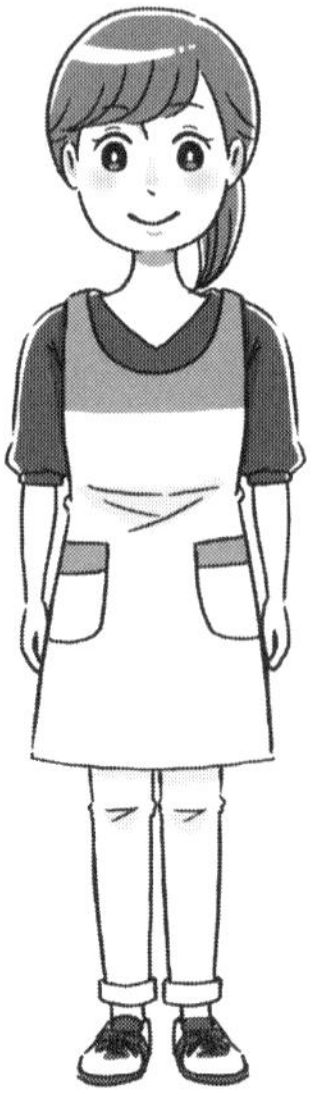

絢夏が憧れている先生。おおらかで子どもたちの気持ちをしっかり受け止めている。いろいろな手遊びなどを知っていて、いつも楽しいことをしてくれるので、子どもたちも大好き。絢夏のことを気にかけて話しかけてくれるので、迷うと時々相談をしている。

主任

吉村麗

（42 歳）

資格：保育士・幼稚園教諭
既婚

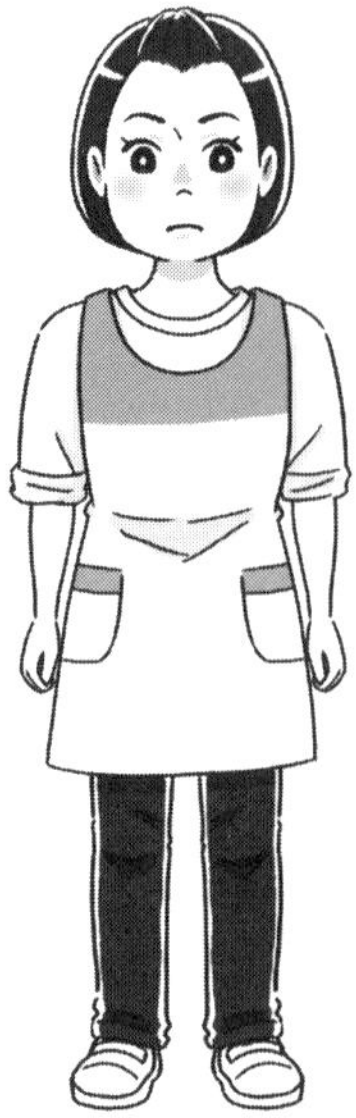

悪い人ではないが、真面目で厳しい。言い方が厳しいため誤解されることもあり、絢夏は苦手意識をもっている。子どもたちが自由にしている姿を見て「ちゃんとやらせないとダメよ」と言うこともある。

定員：60 名（0歳児5名、1歳児8名、2歳児 11 名、3～5歳児各 12 名）

後輩

垣内麻衣

（23 歳）

担当：2 歳児クラス
資格：保育士・幼稚園教諭
未婚

子どもが大好きで、保育士になることが幼い頃からの夢であった。真面目で純粋。

新卒だがセンスがあり、するどい質問をしてくるため、絢夏に良き気づきを与えてくれる。

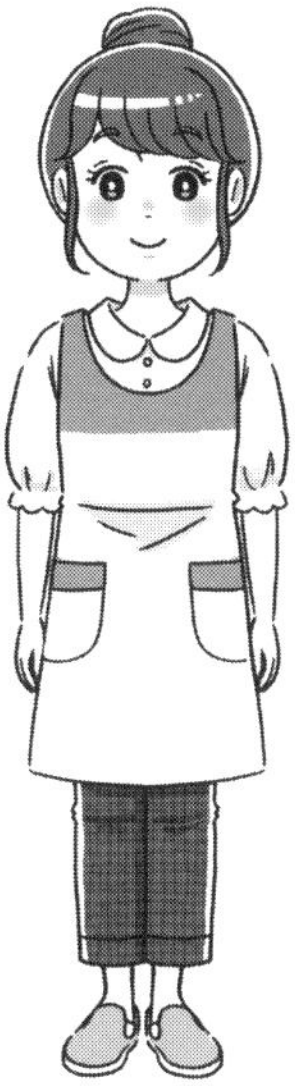

後輩

栗原楓

（28 歳）

担当：3 歳児クラス
資格：保育士・幼稚園教諭
未婚

楽しそうに仕事をしているが、意欲的なタイプではない。仕事がおおざっぱなので、絢夏は「もうちょっとしっかりやってほしい」と思うことが多い。言い方が強く発言力がある。

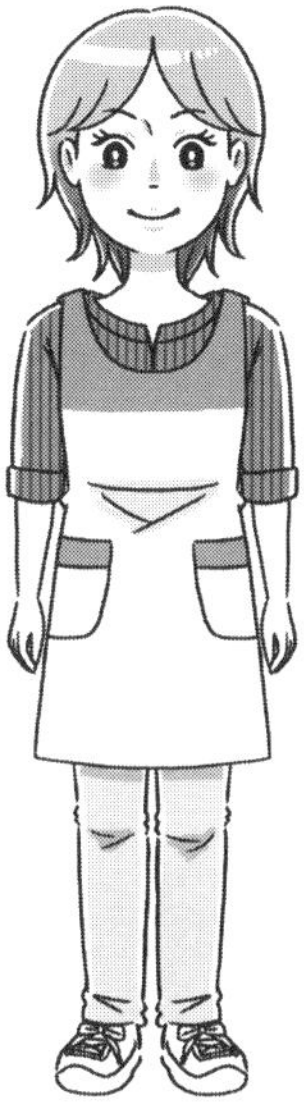

パート

三條裕香

（52 歳）

担当：2 歳児クラス
資格：なし
既婚

子育てが一段落して、パートとして働いている。資格はないが、保育補助としての経験は5年目。保育には少し強引さがみられることがある。保育者と意思疎通ができずにトラブルになることもあるため、絢夏は少し面倒に感じることもある。

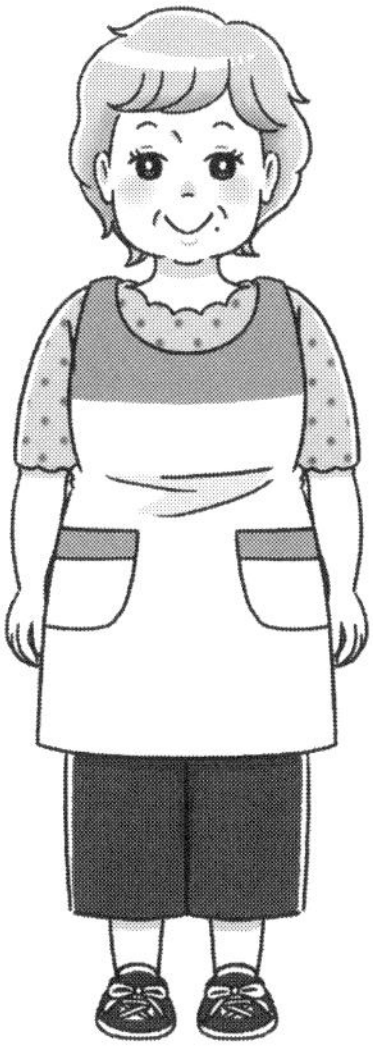

後輩

来島太郎

（29 歳）

担当：4 歳児クラス
資格：保育士
未婚

優しく真面目な性格だが、喧嘩の強さで近隣の不良たちに一目置かれていた。保育助手としておひさま保育園でバイトを始め、その後、資格を取得して正式採用された。「子ども主体」の保育を実践するべく、日々奮闘中。

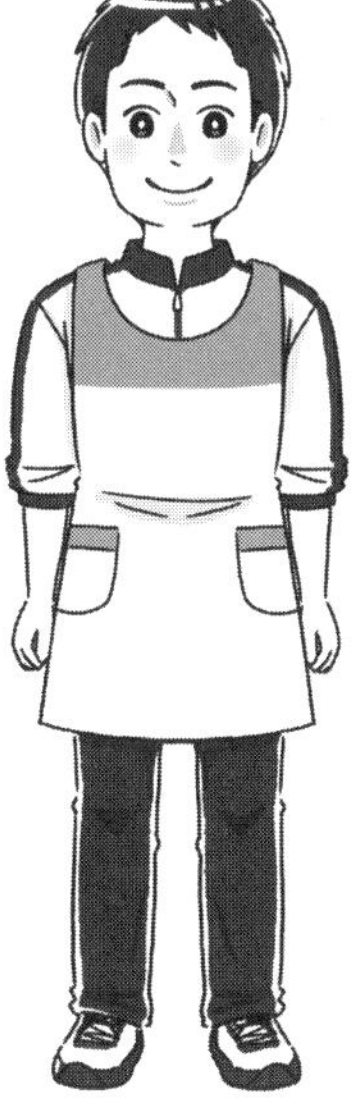

昨年度末―
おひさま保育園
えぇぇ~!!
私が乳児リーダーですか…?
ぜひお願いしたいの
でも…なぜ私なんですか…?
おろおろ
それはあなたが…
絢夏さんがリーダーにふさわしいと思ったからよ
あなたならできるわ
ついにきてしまった…
ハァ…

責任重大!!
うわあぁぁ〜
全っ然自信ない!
お給料は変わらないし〜
保護者対応
クレーム処理
一筋縄ではいかないベテラン
ずーん
上と下の板挟み
話の通じない後輩たち
ガチャ
あっ
りくさん
私4月から乳児リーダーっていわれちゃって…
あら おめでとう
おめでたくないですよ〜
私向いてないです
りくさんもそう思いますよね
うう…
そんなことないわよ
だって私が推薦したんだもの
えーっ?!
でも私 リーダーの役割もよくわからないし…
そうだね。難しく考えずに、まずは『こんなリーダーがいたら働きやすい』って思える人になればいいのよ
私の理想でいいんですか…?
そう!
そして あなたらしく

解説

保育者8年目、おひさま保育園で働き始めて3年目を迎える絢夏。翌年度から乳児リーダーを任されることになりました。いずれは「リーダー」というポジションになるだろうと思っていても、いざ任されるとなると、うまくできないかもしれない…どうしたらいいのだろう…と、期待もあれば不安も出てくるものです。保育者2、3年目、早い人では1年目からクラスリーダーという人もいるかもしれませんね。不安とはいえ、任命されたからにはしっかりやっていきたいものです。この項では、リーダーになってまず考えておきたいリーダー像についてお伝えします。

リーダーの業務って何？

リーダーって、一体何をしたらいいのでしょうか？　保育や行事を計画したり、会議の準備や進行、報告をしたり…リーダーの業務とひと言でいっても、園によって、立場によって、任される仕事が変わってきます。自分が思うリーダーの業務と、上司や組織のメンバーなど自分以外の人が思うリーダーの業務に差がありすぎると、「リーダーなのになんでやってくれないの？」「リーダーなのになんでやらないといけないの？」と摩擦が起こり、うまくいかない原因になることがあります。まずは自分の業務を整理し、上司や組織のメンバーと確認しておくことが大切です。

しかし、リーダーの業務は事前に確認できることばかりではありません。どうすればよりよい保育実践ができるのかを考えたり、落ち込んでいる職員がいれば励ましたり、保護者とのトラブルがあれば率先して対応したり…。リーダーになる前は、言われたことや決められている業務をしっかりとやることが仕事だったかもしれません。しかしリーダーになると、組織をよくするためには何が必要かを考えて行動することが求められるのです。

理想のリーダー像を考えよう

リーダーとしてどんなふうに振る舞ったらいいんだろう…。最初は、自分がどんなリーダーであったらいいのか迷う人も多いのではないでしょうか。よいリーダーになりたい、がんばりたいと思っていたとしても、その方向性や具体的な行動がみえていないと、なかなか前には進めませんから、理想や目標をもつことが大切です。

こんなリーダーになりたいという理想をもち、そこに近づいていけるように日々を過ごすることによって、その後のリーダーとしての成長に差が出ることは想像できますよね。ではどんなリーダーを目指し、どんな目標をもって過ごしていったらよいのでしょうか。

理想のリーダー像を考える時に大切にしてほしいポイントが二つあります。一つは「自分だったらこんなリーダーと働きたい」と思えるリーダー像であること。もう一つは「自分らしい」リーダー像であることです。

あなただったらどんなリーダーと働きたいと思うでしょうか？　今までリーダーを務めてくれていた人たちの姿を思い出してみてください。あの人と働いた時は楽しかった！　という経験があれば、なぜ自分がそう感じたのかを考えましょう。気軽に相談に乗ってくれて助かった、自分を信頼してくれてうれしかった等のエピソードを思い返しながら、自分が働きたいと思うリーダー像をイメージしてみましょう。なかなか思いつかないという人は、こういうリーダーとは働きたくない、と思うことを書き出してみてもいいでしょう。

何となく理想のリーダー像が思い浮かんだところで、ポイントの二つ目。「自分らしいリーダー像」を考えてみましょう。よいリーダーになるために何をしたらいいのか？　と問われると、指導できる厳しさをもたなくては、おおらかに受け止められるようにならなくては…と、自分の足りないところに目を向ける人が多いのではないでしょうか。できていないことに目を向けて成長していくことは大切ですが、最初から背伸びをしすぎたり自分をつくろったりして苦しくなってはいけません。肩の力を抜いて、らしさや得意なことを存分に活かしたリーダーになれるように目標を設定しましょう。あなたの力を最大限発揮できる、あなたにしかできない、あなたらしいリーダーを目指すのです。

理想のリーダー像がみえてきたら、それに近づくためにできる具体的な行動を書き出してみましょう。「相談しやすいリーダー」があなたの理想のリーダー像だとしたら、いつでも明るい笑顔でいること、「的確なアドバイスをしてくれるリーダー」だとしたら、より的確なアドバイスができるように勉強すること等が挙げられるでしょうか。毎月1冊本を読んで勉強するなどと具体的で明確な目標設定をするといいでしょう。「明るい笑顔でいる」など日常的に心がけることを目標にする場合には、紙に書いて目につくところに貼っておくなどの工夫が必要です。

こうしてリーダー像に近づくためにできることを具体的に挙げてみると、できるような気がしてくるものですね。

ここで、一つ気をつけなくてはいけないことがあります。それは、あなたにとっての「理想のリーダー」は、みんなにとっての理想のリーダーではないことがある、ということです。リーダーに寄り添ってほしい人もいれば、ビシバシとアドバイスをくれたほうがいいと思う人もいるでしょう。「頼りになるよ」と声をかけられてうれしい人もいれば、プレッシャーになるからやめてほしいと思う人もいるわけです。あなたの思う理想のリーダーのようになれたとしても、メンバーのモチベーションが下がってしまうようでは、よいリーダーとはいえません。

メンバー一人ひとりがモチベーションを高くもち、仕事に楽しく向きあえるようにすることがリーダーの仕事です。リーダーシップは、相手によって変えていく、相手に合わせていく必要があることは忘れてはいけません。とはいえ、いきなりリーダーに就任して、相手に合わせて最適なリーダーシップを発揮できたとしたら、誰も苦労はしませんね。

あなたはどのタイプ？

「ＥＱ：心の知能指数」の提唱者であるアメリカの心理学者、ダニエル・ゴールマン（Daniel Goleman）は、リーダーシップを6種類のスタイルに分類しています。表1にまとめてみましたので参照してください。人はこの6種類のうちから無意識に1種類ないし数種類を採用し使い分けているといいます。

表1 リーダーシップの六つのスタイル

リーダーシップスタイル		適応すべき状況
ビジョン型	さぁ、俺についてこい! と、引っ張っていく	新しい目標を必要とする時、変革期
コーチ型	個々の希望に寄り添って、背中を押してくれる	メンバーの能力を向上させたい時
関係重視型	人との関係を大切にする、成果よりも人間関係を尊重する	人間関係の亀裂を修復する時、結束を強めたい時
民主型	メンバーに意見を聞いたり提案を歓迎したりする	賛同や同意が必要な時、メンバーからの意見がほしい時
ペースセッター型	私のようにやってみてと背中を見せる、細かい指示はしない	高い能力・意欲のあるチームで早急に成果をあげたい時
強制型	俺の言うとおりにやれ! と命令する	危機的状況、問題が発生して早急な対応が必要な時

参考:ダニエル・ゴールマン、リチャード・ボヤツィス、アニー・マッキー著、土屋京子訳『EQリーダーシップ 成功する人の「こころの知能指数」の活かし方』日本経済新聞出版、2002年

どのリーダーシップを発揮するのがいいのかは、場面や組織のメンバーによって変える必要がありますが、まずは自分らしいリーダーシップのスタイルで実践してみましょう。コーチ型のスタイルが合うという人がリーダーをしていても、緊急で判断をしないといけない、強制型のリーダーシップが必要な場面に遭遇することがあります。そんな場面では、いつもの自分とは違うリーダーシップを発揮することにドキドキし、うまく指示ができずに失敗して落ち込むかもしれません。こうしてさまざまな場面に遭遇しながら、状況や相手に合わせたリーダーシップを発揮できるように成長していきます。

どんなリーダーが働きやすいんだろう
う〜…ん
大丈夫大丈夫!
失敗しても励ましてくれる
いつも明るく元気!!
わかりやすく説明してくれる
ステキなアイデアをポンポンと出してくれる
あっ
悩みや相談にのってくれる
慎重派
計画や準備はしっかりフォローする
ぐいぐいひっぱるタイプではないし…
笑顔を振りまく明るいタイプでもないから…
私らしいリーダー
後輩の成長をあたたかく見守るタイプ

column

中村章啓

保育の質は語りあいに支えられる

保育リーダー1年目の絢夏さんは、先輩リーダーのりくさんから、自分からみた理想のリーダー像を描くことと、自分らしくあることをアドバイスとして受け取りました。小杉園長・吉村主任から内示を受けた時には、「全っ然自信ない」と内心悲鳴をあげていた絢夏さんでしたが、信頼する先輩からのひと言で落ち着きを取り戻し前向きになれたようです。

絢夏さんは、自分の理想と自身の素養を考慮して、コーチ型・関係重視型・民主型のリーダー像を当面の目標に掲げたようです。おひさま保育園は、開園直後でも、大きなトラブルを抱えているわけでもないようなので、組織が求めるリーダー像ともマッチしていそうです。順調なスタートをきれそうにも思えますが、おそらくそう簡単にはいきません。

誰もが自分らしくあろうと願いますが、実際の行動は「私らしくない…」と悔やむこともしばしばです。ゴールをしっかりと見据えても、最短距離の到達は難しいものです。ここから、絢夏さんの奮闘の1年が始まります。

絢夏さんっ
・・・
指導案
うん
うん
スタ
スタ
♪
でね〜
麻衣さん
ちょっといい？
あっ指導案
昨日がんばって
書いたやつ…
こわっ…
…はい
ず〜ん
来週の色水あそび
の指導案提出して
くれたのよね？
それはいいんだけど
必ず一度私のチェックを
受けてからにしてほしいの
…はい
確かに書式には
リーダーの決裁欄は
ないんだけど
一応…ね？
わかりました
えっと…それで…
ぐちゃ…
あー
こういう
ところも…
イライラ
とにかく
付箋を貼って
おいたところ
もう一度
考え直して
ほしいの
すっ
はい…

絢夏さん…
絢夏さん！
えっ?!
ビクッ
あんた ちょっと うるさい
ビシ
えええぇぇーっ？ 私？ 私が怒られるの？
ガーン
まあ そう焦んなさんな 落ち着こうよ
テテテ… ハイッ
ありがとう
絢夏さんはさ 子どもには穏やかで丁寧だよね
しゅん…
……
私たち大人には見通しが立っていても子どもには見えていないものもある
絢夏さんは常にそこを熱心に読み取って配慮しているよね いつも感心してる
…はい
保育者一年目
若い子にもそうしてやんなよ
絢夏さんも必死だけど麻衣さんもとてもがんばってるよ
あー しまったー…
ズキ…

解説

新卒の保育者、麻衣を指導しようと意気込んでいた絢夏。しかし、後輩指導はなかなか思うようにいきません。報告なく主任に提出されていた指導案、内容が不十分で主任から指摘を受け、ついイライラしてしまったようです。新人を指導していく時、「どうしてわからないの？」と思ってイライラした経験がある人も少なくないのではないでしょうか。

卒業を間近に控えた大学生と話していると、現場に出ることへの期待もあるようですが、「責任実習だけでも心臓が止まるほど緊張したのに…」と、とても大きな不安を抱えている姿に出会うことがよくあります。保育者1年目、子どもとの接し方も、書類の書き方も、行事の準備も…右も左もわからない状態で就職するのですから無理もありません。

しかし、就職してすぐに即戦力として活躍してほしい、担任をもってくれないと困るというのが多くの現場の現状だと思います。新卒で初めて現場に出た時に、なかには呑《の》み込《こ》みが早く即戦力として活躍できる人もいるかもしれませんが、みんながそうはいかないでしょう。いきなり一人前を目指そうとすると、「あれもできていない」「これもできていない…」と本人は自信をなくしますし、「どうしてこんなこともできないの？」と周りはイライラしてしまうかもしれません。そんな時、どうやって指導していったらよいのでしょうか。新人保育者を育成していく立場になった時、考えておきたいことについてみていきましょう。

スモールステップで進んでいこう

新人保育者の育成にあたっては、アメリカの心理学者バラス・スキナー（Burrhus Frederic Skinner）が提唱したスモールステップ法で考えていくとよいでしょう。スモールステップ法は、大きな目標を一気に目指すのではなく、目標を細分化し小さな目標の達成を積み重ねながら進んでいくという考え方で、教育や心理療法の分野で幅広く活用されているものです。達成できそうな課題に取り組むことや、課題を達成できたという成功体験を得ることを繰り返して、自信をつけながら少しずつレベルアップしていくのです。

漫画のなかで、麻衣の不十分な指導案を見てイライラしてしまった絢夏でしたが、立派な指導案を書くことを目標にする前に、まずは「指導案を書いてみること」を目標にするなど小さな目標を立てるべきだったかもしれません。期待があればあるほど、高い成果を求めてしまうこともあるでしょう。また、プレイヤーとして優秀なリーダーほど「このくらいできるでしょう」と相手に求めてしまいがちです。新卒や若手の保育者に「どうしてできないの？」と思うことがあったら、相手を責める前に、取り組もうとしている課題や期待している結果が大きすぎないか？　と見直してみるとよいでしょう。

できていることにフォーカスしよう

子どもの対応から絵本の読み方、表現活動の準備や指導、保護者の支援…、保育者の仕事は本当に幅が広く、数か月…　いや1年2年ではとても一人前にはなれないなぁと感じながら保育者をしてきたものです。特に1年目は、できないこと、わからないことの連続ですから、落ち込んだり自信をなくしたりすることもあるでしょう。できていないことに目を向けることももちろん大切ですが、特に新人の保育者であれば、できていることにフォーカスして、一歩ずつ前へ進んでいる実感をもてるように、こまめに声をかけることが大切です。

見て学べよりもちゃんと教える

保育はマニュアル化できない部分が多くあり、後輩指導といっても、先輩の姿を「見て学べ」という文化が強いように思います。見て学ぶこともちろんとても大切ですが、教えてもいないのに、「このくらいできるだろう」と思い込みで判断されたり、どうしてできないの？　と責められたりしては理不尽です。伝えられる項目については、一つずつ丁寧に伝えていきましょう。

伝えるべきことを細かく書き出して「伝えた」「おおむねできる」「しっかりできる」などの段階をつけた一覧表をつくり丸をつけていくと、達成度合いも把握しやすく指導の手立てにできるのでお勧めです。

伝え方の工夫

新人保育者を指導する時には、伝え方も大きなポイントになります。同じ内容でも伝え方一つでよく伝わることもあれば、トラブルになることもあるでしょう。伝え方の工夫について紹介しますので、指導の参考にしてみてください。

①大事なことは何度でも言う

何度も伝えているはずなのに。このあいだ言ったよね？　そんなふうに思ったことはありませんか。伝えた側は「伝えたはず」と思うものですが、自分の思いを相手に伝えて理解してもらうことは、どうやら思っているよりとても難しいことのようです。自分の伝えたいことは、そう簡単に相手に伝わらないという前提に立ち、ここは伝えたい、わかってほしいということは、何度でも繰り返し伝えることが大切です。

②ひと言目は受け止める

ストーリーのなかで、絢夏が麻衣に声をかけた際、事前に自分のチェックを受けてほしいと指摘をしています。ちゃんと指導しなくては…と思う絢夏の気持ちの表れですが、麻衣の気持ちはどうでしょうか。指摘する前にひと言「がんばって書いたんだね」と言ってもらえたら、麻衣のモチベーションは大きく変わるのではないかと思います。指摘事項が妥当であったとしても、指摘だけされると悲しさや虚しさ等の感情がわいてきて、素直に受け取れないことがあります。がんばったことであればなおさら、ひと言目は受け止める言葉をかけてほしいものです。

③サンドイッチ話法を使う

相手にネガティブな話をする時に効果的な話し方です。最初と最後にポジティブな言葉を使うことで心の壁ができにくくなり、本題が伝わりやすくなる、前向きにとらえることができるというものです。保護者対応にも活用できる話し方です。

相手を褒める…相手のがんばっていることや長所、自信をもっていることなどを褒めます。あなたのことを思っているよ、ちゃんと見ているよということが伝わります。

本題を話す…指摘事項について話します。「だからあなたはダメなのよ」などと相手の人格を否定してはいけません。事実を指摘するように気をつけましょう。

今後への期待の言葉を伝える…最後もポジティブな言葉で締めくくります。「期待しているよ」「あなたならできるよ」という未来への希望や期待を込めて話をすることで、前向きに行動しようという気持ちになります。

麻衣さん…
指導案のことだけど…
わぁっ
ビクッ
すみません
子どもたちに
色に興味をもって
もらいたくて
私も
さっきは
ごめんね…
そのねらいは
とてもいいと思うよ
がんばって書いたね
えっ?!
!!!
ポロ…
絢夏さん…
指導
今子どもたちは
お花に興味を
もっているよね
そこから
色水あそびにつなげる
ような計画はどうかな
あっ
なるほど!
うん
うん

column

中村章啓

一歩ずつです

プロローグでは「わかりやすく説明してくれる」「悩みや相談にのってくれる」「後輩の成長をあたたかく見守る」リーダーを目指そうと誓った絢夏さんですが、リーダーとして働き始めると、理想どおりにはいかないようですね。

園児への穏やかなかかわりの様子から、絢夏さんが本来もっている資質は受容的・共感的であることが見てとれます。そこを裕香さんは信頼し、高く評価していますね。おそらく、小杉園長や吉村主任も同じ考えで、絢夏さんをリーダーに指名したのでしょう。

しかし、リーダーとしての責任を果たさなければ、後進をしっかり育てなければ、という思いが、つい口調をきつくしたり、イライラとした態度に現れてしまいました。

解説で、新人育成はスモールステップで進めようと提案されています。実はリーダーとしての成長も同じように、一歩ずつしか進まないものです。あせらずにいきましょう。

んー
えっ
えー
さぁ〜 保育園に 帰るよ〜〜
イラ イラ
もっと 遊びたかったよねぇ…… 何で…？
午睡時間を利用したミーティング—
スャスャ
公園でもう少し ゆっくり遊ばせて あげたかったよね
着替えとか靴を履くのに 手間取ったぶん短く なっちゃって残念だった
それは……
チラッ
今月のねらいに『生活習慣の自立に丁寧に かかわる』があって…
それ 聞いてない
ピク
えっ?!
…すみません

そういうの言ってくれればそういうつもりで動くから
ありがとうございます
ホッ
あとはめいちゃんとかずや君は見通しがもてるように
うんうん
帰るのも早いしゆったり着替えているなぁ〜と思ったのはそういうことだったのね
スッキリ
そうなんです！子どもたちの自分でやろうとする意欲を育みたくて…
なんか裕香さんいい表情よかったぁ
そうしたら子どもたちがしまいやすいように着替えのカゴこっちに置いたらどうかなぁ？
スッ
あぁぁ確かに〜!!
ポンッ
なんかチームって感じになってきた♪

解説

少し早めに遊びを切り上げて、着替えを丁寧にみられるようにしよう、そんなねらいで動いていた絢夏と麻衣ですが、その意図は裕香には伝わっていませんでした。職員への伝達がうまくできておらず連携がとれないという話、保育現場ではよくあるのではないでしょうか。

意図が伝わることで、協力しようという気持ちが生まれ、裕香が着替えカゴの置き場所について提案してくれたことからもわかるように、改善のための知恵や意見を出しあうことができるようにもなります。このように、チームワークよく仕事をしていけるチームをつくることは、保育の質の向上にもつながっていきますね。ここでは、チームワークよく保育を行うポイントや保育の質向上のための考え方について学んでいきましょう。

あなたの組織の目標は何ですか？

突然ですが、あなたの組織の目標は何ですか？　組織のメンバーは目標を共有して動いているでしょうか？　リーダーシップの第一歩は、目標、すなわち組織の進むべき方向を示すことだといえるでしょう。どこに向かってがんばればいいのかわからない、そんな状態のままでは、がんばろうというモチベーションやもっとよくしようという向上心が湧かずに、ただ言われたことをしている、やらされている仕事になってしまうことでしょう。どこにゴールがあるのかも、どんな道で進むのかもわからなければ、がんばりようも工夫のしようもないのです。

リーダーシップについて書かれている本やｗｅｂサイトを見てみると、リーダーの役割として最初によく紹介されているのは「ビジョンを示す」ことです。「ビジョン」を辞書で引くと、将来のあるべき姿を描いたもの・将来の見通し・構想・未来図・未来像などと出てきます。リーダーは「その組織を目標に向けてけん引する」ことが役割ですから、目指す方向、つまり目標を示すことがとても大切というわけです。

あなたがもし絢夏のようなクラスのリーダーであれば、園の目標や理念を踏まえてそれをさらに具体的にしたクラスの目標を示していく必要があるでしょう。クラスの年間目標、それに基づく月の目標や週の目標、何を大切にして保育をするのか、という方向性を示していくことが大切です。

漫画のなかでは、自分でやろうとする子どもたちの意欲を育むために「生活習慣の自立に丁寧にかかわる」というねらいを裕香に伝える必要がありました。小さな組織で一緒に仕事を進めていく場合には、より具体的に方向性の共有をしておくことが大切になるのです。

こまめに情報や意識の共有をしたほうがいいというのはわかっていても、日々忙しいなかで時間をとることが難しい場合が多いかもしれません。時間がない場合の工夫をいくつかお伝えします。

1日3分から始める

話す時間をつくるとなると「大変」「時間がない」と思ってしまいがちですが、「立ち話で3分」だとどうでしょう。意外とつくれるものではないでしょうか。1日3分でも1週間で15分、1か月で1時間です。まずは立ち話でいいので1日3分を実践し、細かな気づきを共有する習慣をつけていきましょう。

手紙を書く

私が担任をもっていた時によく使っていた方法です。補助に入ってくれる保育者が複数いる場合に有効です。子どもの様子や保育に入る時に見てほしいポイント、流れや環境構成を変更した時のねらいなどを伝えましょう。それが伝わるとわかりやすくてとても助かると、補助として入る保育者に好評でした。

週案にねらいや配慮をしっかり書いて掲示する

私が園長をしている園では、職員が見られる掲示板に週案を張り出すようにしています。その週で特に大切にしていること、ねらいと細かい配慮が伝わるように書いて共有しましょう。クラスの計画があっても、共有されていなくては意味がありません。また、クラス内はもちろん、他クラスの計画も共有されることで、スムーズに連携をとることができるでしょう。

伝達用のボードなどを用意する

保育中のねらいや気づき、疑問などをすぐに共有できる場をつくる方法です。ホワイトボードに記入する、付箋に書いて貼っていく等、取り組みやすい方法を模索してみましょう。

ＰＤＣＡを回して保育の質を向上させる

保育の質向上の鍵を握っているのは、「振り返り」ではないかと思います。ただ楽しく毎日を送るだけが保育ではありません。専門性をもって、子どもたちがより豊かに育っていけるようにと創意工夫を凝らしていく必要があります。その日の実践を振り返り、翌日の計画を立て実践し、そしてまた振り返る。その繰り返しで保育を進めていくことが大切です（図1）。

ＰＤＣＡサイクルという言葉は、研修などで一度は耳にしたことがあるのではないでしょうか。保育業務のなかでは、Ｐ（計画）は指導計画全般を指します。全体的な計画や、年間・月間・週間・日の計画などが該当します。Ｄ（実行）は日々の保育の実践で、計画の内容をもとに実践します。計画の内容をしっかりと把握していないと、行き当たりばったりの保育になってしまいますが、計画ばかりに縛られてもいけません。計画をもとにしながら子どもの姿に合わせて実践していく柔軟さが大切です。

Ｃ（評価）では、実践の振り返りをします。ねらいや配慮が適切だったか、子どもたちの様子はどうだったかなどについて振り返ります。自分のなかで振り返ることも大切ですが、

図1　保育のPDCAサイクル

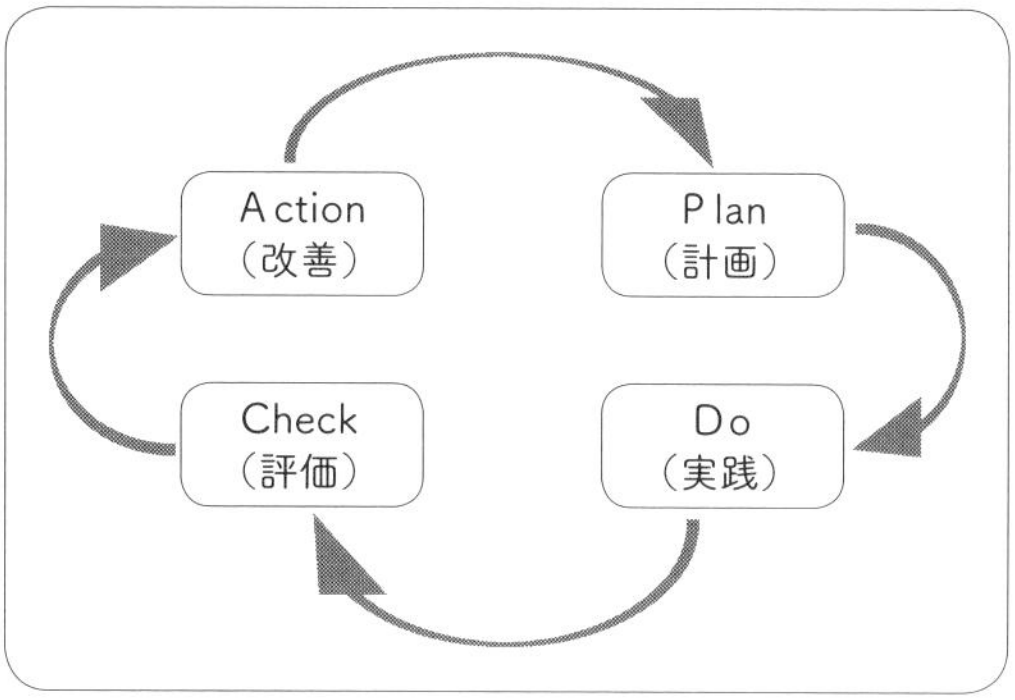

独りよがりの振り返りにならないよう、他者の意見を聞くことも大切です。

A（改善）では、振り返りで出てきた改善点や気づきをもとに、次の手立てを考えていきます。そしてまたP（計画）→D（実践）…と繰り返されていきます。

年間の大きなPDCAサイクルも、日々のかかわりのなかにある「今の声かけはどうだったのか…」というごく小さなPDCAサイクルもどちらも大切にして、昨日より今日、今日より明日、よりよい保育ができるようにがんばっていきたいですね！

絢夏さん 丁寧にかかわってきて 子どもたちもみんな 自分でやろうとする 意欲が育ってきましたね
確かに…
計画では もう少しって 思っていたけれど そろそろ活動の 充実のほうに シフトしていこっか
はい
あっ 裕香さ～ん！
えっと 来週なんです けど～！
うん うん
あと 情報共有できる ように ホワイトボード 用意してみたん ですけど
おおっ

column

中村章啓

共有漏れを防ぐ工夫も必要

「対話が大切」なんて、今さら言われるまでもないと思っていることでしょう。でも、実際はうまくいかないことも多いのではないでしょうか。

今回のエピソードでは、保育計画のねらいがパート職員の裕香さんと共有されていませんでした。今の保育現場には、さまざまな職種と雇用形態の職員がいて、勤務のシフトも複雑です。対面で情報共有・意見交換する時間が十分確保できればよいのですが、現実には難しいですよね。引き継ぎノートやホワイトボードなどをうまく活用したいところです。ICTを導入して省力化を図る園も増えてきました。

保育の計画と評価においても、対話は重要です。記録を通じて実践を振り返り、そこで得た評価を次期の計画に活用する循環的な過程は、保育者の豊かな対話に支えられます。メンバーが安心して発言できるような関係を築くことや、忙しい業務のなかで伝達漏れを防ぐ工夫をすることも、リーダーの役割といえるかもしれません。

カキカキ
絢夏さん クラス懇談会 なんですけど…
やれやれ…
あれ… 聞こえてない…
懇談会のことも 考えなきゃ…
バタバタ
もう少し周りを 頼ってくれたら いいのに…
リーダーミーティング
園の理念説明や 保護者へのお願い に終始せず 保護者相互の 対話を引き出すような クラス懇談会にしたい と考えています
ニコニコ
そうね その方針はとても いいと思う

誰のアイデアなの？
私です！
ハイッ
全体の進行管理は誰が担当するの？
私です！
ハイッ
理念説明と保護者へのお願いは？
私がするつもりです
ハイッ
ディスカッションのファシリテーターは？
はあ～
それも私が……
えっ
絢夏さんあなた裕香さんや麻衣さんにこの件を相談した？
いえ……
一人で抱え込みすぎ
パンクしちゃうよ～
企画そのものはとてもよく練られています
でも一度クラスに持ち帰って相談してきてほしいの
いいかしら？
……はい

解説

リーダーなのだから、あれもこれも私がやらなくちゃ！　真面目な人ほどそう思ってがんばってしまうことがあるのではないでしょうか。漫画のなかでは、保護者懇談会の準備をしている場面が描かれています。絢夏は、先輩でありクラスリーダーでもある自分がやらなければ、ほかの人に頼っては申し訳ない…　と、責任感や使命感をもって取り組んでいるようです。しかし、それを見ている麻衣や裕香はどんな気持ちだったのでしょうか…。

リーダーシップというと、組織のリーダーが発揮するものと思われている人も多いかもしれません。しかしここ20年ほどの間に研究が進み、最近ではリーダーシップを個人に帰属せず、不特定多数のリーダーがリーダーシップを発揮し、チームで協調して物事を進めていく「分散型のリーダーシップ」の重要性がいわれるようになってきました。漫画のなかでは、クラス担任のなかでのリーダーシップについて書かれていますが、園という単位でみれば、園長や主任だけではなく、クラスリーダー、乳児リーダー、幼児リーダー…　などのミドルリーダーが、自分たちの力をふんだんに発揮して園を運営していく、そんなあり方が求められているというわけです。

なかには人に頼むのは面倒だ、全部自分でやってしまったほうが楽だという人がいるかもしれません。申し訳なくて人に仕事を頼めない、という人も多いかもしれません。気持ちはよくわかりますが、チームのメンバーがそれぞれ自分の活躍の場を見つけ、自分の力を発揮してやりがいや働きがいを感じる、そんなチームをつくることがリーダーには求められているといえるでしょう。

では、自分がすべてやるのではなく、みんなで力を発揮していくチームをどうつくっていったらいいのか、一緒に考えていきましょう。

人に頼れる人になる

ここで少し、私の体験をお伝えします。保育者8年目の頃、私は私立保育園に転職をしました。転職して1年目、保育士資格の取得に向けて勉強しているという若い保育者と、3・4・5歳児の異年齢クラスの担任を組みました。生活の流れ、物の配置など、どのようにしたらよいかとその保育者に相談をしながら進めていきました。私としては、自分がクラスリーダーであり主任でもあったのですが、子どもたちのことを知っているその先生に意見を聞きたい、悪いのだけど一緒に考えてくれないかな…と、なんだか申し訳ない思いで聞いていました。しかし、その保育者は「自分の意見を聞いてくれてうれしかった」と、後でその時の気持ちを話してくれました。自分一人で責任をもって進めなければと思っていた私にとっては衝撃的な出来事でした。

人に迷惑をかけてはいけない、そんな思いでなかなか人に頼れないという人は多いように思います。自分が誰かに頼られたら、喜んで力を貸したいと思うのに、人に頼るのはやっぱり苦手…　どう思われるかわからないし、仕事を増やしたら申し訳ないし…　とそんなふうに思ってしまうものです。しかし、漫画のなかの麻衣や裕香の気持ちを想像してみると、頼ってもらえていないことへの悲しさすら感じ取れます。

相談なしに絢夏が決めたことに従うだけだとしたら、やる気がなくなってしまうかもしれません。逆に少し相談をしたり、一部の役割を担ってもらったらやる気を出して取り組んでくれる、そんな姿が目に浮かぶのではないでしょうか。頼ることは相手の出番をつくることでもあります。人に頼ることができる自分になることは、みんなで力を発揮していくチームをつくる最初の一歩ともいえるでしょう。

信じて任せる

では、人に仕事を任せようとするとき、どんなことに気をつければよいのでしょうか。一番は、「口出ししすぎずに、信じて任せる」ことだと思います。任せた後にはつい口を出したくなることもあるでしょう。状況によっては指導が必要な場合もありますから、こまめに進捗を確認する、声をかけるということも大切です。しかし、任されたにもかかわらず「本当に大丈夫？」と心配ばかりされていては、やる気がなくなってしまいますよね。逆に信じて任されたと感じたら、人はがんばろうと思うものです。「きっと大丈夫」と信じて見守りましょう。これを実践するのは意外と難しいのですが、とても大切なことです。

そして、もう一つ大事なことは、できなかった時の責任を押し付けるのではなく、責任は自分がもつことです。もしできなかったら、もし失敗したら自分がフォローしようという覚悟をもって人に任せることが大切です。

頼ることは育てること

私はよく、通っている鍼灸院の鍼灸師さんと、仕事の話やリーダーのあり方等について話をするのですが、ある時「よい組織とは？」という話になりました。その鍼灸師さんが言うには、よい組織とは、「自分（リーダー）がいなければうまく回らない組織」ではなく、「たとえ自分がいなくてもうまく回る組織」である、というのです。これには「なるほど」と思わされました。自分が組織をよくしていく、もっとよくなるように全体を把握して指示をしたり指導をしたりする…　もちろんそういうことが大事な側面も大いにあるでしょう。しかし、指示を出さないと動けない仕事の進め方をしていると、メンバーは指示を待って仕事をするようになります。指導ならまだしも、指摘ばかりしていると、上司に指摘されないようにするにはどうしたらよいか、という仕事のスタイルになっていくでしょう。自分たちで考え自立して仕事を進める組織にしていくためには、適度に任せていくことが大切です。頼るということは、育てることにもなるのです。

やる気になる頼み方

自分の得意なことや、少しがんばったらできそうなことを任せてもらったら、「頼ってもらえた」とうれしくなったり、「よし、任せておけ！」なんてやる気になってがんばれたりするものですよね。逆に自分の苦手なこと、自分にはできそうにもない難しいことを頼まれたらどうでしょう。なんだか押し付けられたような気がしたり、やる気や自信がなくなったりするのではないでしょうか。

ですから、むやみやたらに頼っていてはいけません。相手の得意なことや少しがんばったらできることなど、まずは頼む内容が適切かどうか、考えましょう。また、物事を頼む時には伝え方が大切です。頼む内容や相手との関係性にもよりますが、指示をするのではなく「やってくれると助かる」「力を貸してほしい」という相手を頼る姿勢が伝わると、みんなで力を発揮していくチームをつくっていくことができるでしょう。終わった時には、感謝のひと言を忘れず伝えましょう。「偉い」「すごい」などの評価の言葉ではなく、「助かったよ」「ありがとう」と、気持ちを伝えることが大切です。

翌日
あの…
来週の
クラス懇談会
なんですが…
チャンスだよ
麻衣さん
実は面白い
アイスブレイクの
アイデアがあって…
もし
よければ
私に…
保護者への
お願いは私が
担当するよ
おばちゃんが
言ったほうがカド
が立たないからさ
ありがとう
ございます…!!
それに
すみません
でした
お二人に
何も相談せず
全部勝手に決めて
しまって…
反省…
絢夏さんは
真面目だからね
悪気がないのは
わかってるよ
少しでも任せて
いただければ
私がんばります
次のリーダーを
育てるのもリーダー
の役割なんでしょ?
若手を信頼する
のも大事だし
しんどいところは
おばちゃんに任せな
ドンッ
ありがとう
ございます!

column

中村章啓

頭を切り替えてみよう

従来のリーダーシップの考え方は、特定の役職に就いた1人か2人が、高い資質や豊かな経験知に基づいて理念や指針を示し、組織をけん引する、というものでした。しかし近年は、権限や責任を分担し、異なる視点から課題を分析し、対話を通じて解決を図る分散型リーダーシップの考え方が浸透してきました。

保育所等においても、2017（平成29）年に保育士等キャリアアップ研修ガイドラインが発出されたことなどが、この流れを後押ししています。園長や主任だけでなく、副主任・学年リーダーなどが協働し、保育の質を高めたり、働きやすい職場をつくったり、地域との連携を深めていくことを求められているわけですね。

しかし、従来のリーダーの印象を拭いきれず、責任や業務をすべて1人で背負い込み、同僚や部下と連携できないことも、珍しくありません。今回の絢夏さんも、そうした空回りの典型ですね。解説でふれられているとおり、信じて任せることはとても重要です。

ザッ
ザッ
アハハッ
副主任のりくさんと
話すとき絢夏さんは
屈託なく笑う
のっし
のっし
この人は太郎さん
体も声も大きくて最初は
ちょっと怖かった
あ〜
絢夏さんは
りくさんを崇拝
してるよね
おいしょっ
私まだ
そんなに接点が
なくて…
りくさんって
どんな方ですか？
うーん
PもMも
デカい人
太郎さんって
ときどきよくわからない
ことを言う…
P？M？
…ざっくり言うと
指導力があって
人間関係の調整力
も高い人
それなら
絢夏さんも
両方デカいです
だね！
ぜひそう言って
あげて

麻衣さ～ん
タタッ
ごめんね 麻衣さんが 正しかった
え？
アレルギー対応 ガイドライン改訂 されてたんだね 私見落としてた ごめんなさい
私… 年上の人から 謝られたの 初めてです
親も教師も決して自分が 間違っていたと認めなかった…
私…絢夏さんは PもMも大きいと 思います！
えっ？ P？M？
パフォーマンス機能と メンテナンス機能 のこと？
ありがとう
えへへっ
私は 絢夏さんのことを 信頼している

解説

信頼される人とは？

リーダーとなったからには、周りの人に信頼してもらえるような人になりたいものです。では、どうしたら信頼される人になることができるのでしょうか。人が相手を信頼する時の大きな要素は、「能力」と「人柄」だといわれています。これはリーダーと部下に限らず、上司や保護者との信頼関係を築く時にも大切な要素となります。

能力

バスに乗って移動をする時、バスの中ではどのように過ごしていますか？　携帯電話をいじっている、友だちとおしゃべりをしている、ゆられて気持ちよく寝ている…　そんな人が多いのではないでしょうか。それは、バスの運転手の能力を信じているからですよね。もし「今日初めてバスを運転するので、事故を起こしたらごめんなさい」なんて言われたら…　のんきに居眠りすることはできないでしょう。

相手に一定の能力があると感じた時、人は相手を信頼します。能力は、実力・資格や経験・経歴、実績等に基づいて評価されます。

人柄

では、能力があればどんな人でも信頼できるかと聞かれれば、答えはNOだと思います。人が信頼を寄せる際には、能力以外に「人柄」が大きくかかわっているといわれます。その人は真面目で一生懸命やってくれているのか、公正で正直か、思いやりがあり温かい人なのか…　などといったことです。

漫画のなかで、麻衣が絢夏に信頼を寄せている様子が描かれています。絢夏はリーダーとしての能力が高いわけではないかもしれませんが、一生懸命に仕事に向きあい、間違いがあれば謝る誠実さを持ち合わせています。麻衣はそういう絢夏の人柄に惹《ひ》かれ、リーダーとして信頼しているのでしょう。

新卒の保育者や実習に行く学生と話す際には、元気に挨拶をすること、積極的に取り組むこと、仕事ができなくても一生懸命取り組む姿勢で信頼関係は築いていけるよと伝えています。リーダー1年目も同様ですね。能力はこれからつけていくとして、「人柄」については今すぐにでも心がけていけることがあると思います。能力も人柄も磨いて、信頼されるリーダーを目指しましょう。

PM理論

漫画のなかで出てきた「P」や「M」ってなんだろうと思われた人も多いかもしれません。日本の社会心理学者、三隅二不二《みすみじゅうじ》が提唱したリーダーシップ行動論であるPM理論のことです。リーダーとして成長していくために知っておくと参考になるので、ここで紹介したいと思います。

Pはperformance「目標達成能力」、Mはmaintenance「集団維持能力」を指します。目標達成に向けて計画立案やメンバーへの指示などをしていく力（P）と、メンバーの人間関係を良好に保ち集団のまとまりを維持する力（M）の二つの能力の大小によって、四つのリーダーシップのタイプに分かれるとされています。

Pm型のようにPが大きくてmが小さい場合、計画を立てたりメンバーを管理したりすることで短期的に成果を上げることができるかもしれませんが、メンバーの人間関係に気

図2　PM理論

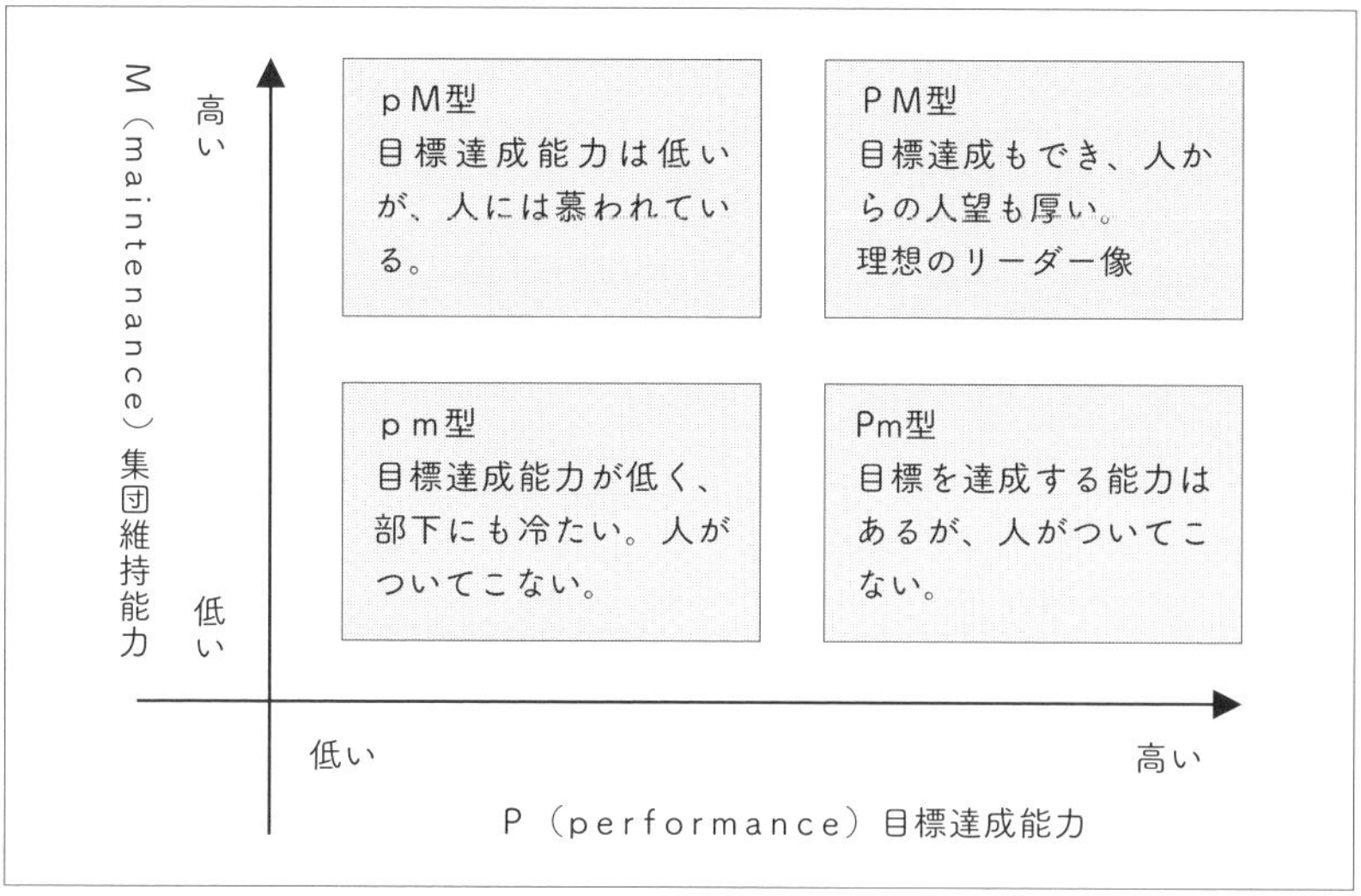

参考：小野善生『最強の「リーダーシップ理論」集中講義』日本実業出版社、2013年

を配れず、モチベーションの低下、それぞれのパフォーマンスの低下という結果を招きかねません。しかし、早急に進めなくてはならないことについては、Pm型のリーダーシップを発揮したほうがいい場面もあるでしょう。このように、場面によって使い分けることも大事ですが、一般にはPとMがともに高い状態（PM型）のリーダーシップが望ましいとされています。

次に、保育現場で求められるPとMの具体例をみていきましょう。

P：目標達成能力

・クラスの目標を達成できるように計画を立て、メンバーとしっかり共有して進める。
・書類の締め切りを守れるようにこまめにスケジュールを確認したり、メンバーに期限を守るよう声をかけたりする。
・クラスの運営がスムーズに進むためのルールをつくる。
・園やクラスの決められたルールや規則を守れるように、メンバーを指導する。
・クラスの仕事をスムーズに進められるように、メンバーの仕事を管理したり的確な指示を出したりする。
・メンバーがミスをしたときには適切な指導をする。

M：集団維持能力

・メンバーの人間関係の対立があった際には、積極的に解決しようと関与する。
・メンバー一人ひとりを気遣い、頻繁に声をかける。
・話しかけやすい雰囲気をつくり、小さなことでも相談に乗る。
・よいところがあればしっかり褒める。

・仕事を一人で進めず、メンバーの意見も聞く。
・メンバーのつながりを大切にし、交流できる場をつくる。

あなたはどのタイプですか。リーダーになると、Ｐのように計画を立てたり時には指導したりすることも大切ですし、Ｍのように関係性をよくしていくことも大切ですね。一般に、ＰＭ型のリーダーシップを発揮できる人は少ないといわれています。まずは自分がどのタイプなのか、どのあたりにいるのかを自覚し、ＰもＭも大きい、理想的なＰＭ型のリーダーに近づいていけるようにがんばりましょう。

帰宅後ー
絢夏さんはPもMも大きいと思います！
うれしかったなぁ…
PとMか〜
前に研修でやったんだよね〜…
え〜っと…
あった！
ペラッ
P＝パフォーマンス機能
納期を厳守するために細かく進行管理をする
M＝メンテナンス機能
メンバー1人1人に気をつかい頻繁に声をかける
えーっ!!
麻衣さん！それまでできていなかったの?!
す…すみません…
自分のことで精いっぱいだった
Pは苦手だなぁ…
製作の片づけしてくださってありがとうございました
絢夏さんいつも丁寧にお礼を言ってくれるよね
そういう所ステキだわ
Mは割と得意かも！
少しは成長できてるのかなぁ〜

column

中村章啓

支えあい、認めあい、高めあう仲間

近年、保育や幼児教育の世界でよく耳にする「同僚性」という言葉。簡単にいえば、保育者同士が互いに支えあい、認めあい、高めあっていく協働的な関係です。家庭における子育てと保育所等における保育が大きく異なるのは、後者が組織的な働きかけであることですが、その質を向上させるうえで、同僚性の高さはとても重要です。

絢夏さんは、わかりやすく説明したり、悩みや相談にのったり、後輩の成長をあたたかく見守るリーダーを目指しています。後輩からみれば、絢夏さんは、質問や相談をしやすく、「この人と一緒に仕事をしていれば保育者として成長できる」と信頼できる先輩なのか、ということになります。

幸いにも、麻衣さんは絢夏さんをとても信頼しているようです。絢夏さんの自己評価は「指導力には欠けるけど、人間関係の調整は割と得意かも」ですが、そんな等身大なところが麻衣さんを惹きつけているのかもしれませんね。

ほらっ
すごーい
おいしょ おいしょ
ジャー
あら すごく楽しそうね
梅雨の合間のお天気のいい日で今日は絶好の泥んこ日和ね
この間花壇でお花のお世話をしたときに土に興味をもった子どもたちがいたのでいい機会だと思って
わっ！こらぁゆうたやったな～
えいっ
ペチャ
まてーっ
キャーッ
ねえ楓さん泥んこをするときの服装について
保護者にはお願いしてあるの？
はい！先週おたよりで『登園するときから汚れてもよい服装でお願いします』と伝えてあります
おたより
そっか それなら大丈夫ね…
普段よりおしゃれなんだけど大丈夫かな…
アハハッ
ビシャ

午後6時過ぎ延長保育ー
ワイ
ワイ
キャ〜〜
ビク
ああやっぱり…
何これ？泥だらけじゃない！
絶対にシミになるじゃないどういうことなの！
ゆうた君のお母さん
私もお話を聞かせていただいていいですか？
イライラ
話も何もないわよおろしたての服が泥のシミだらけになったら
あなただって怒るでしょう？
ギロッ
お言葉ですが『登園時から汚れてもいい服で』とおたよりでお伝えしてますよね？
そうしなかった私が悪いって言うの！
はあ？！
しまった〜…つい余計なことを言っちゃった…
あああ

解説

クラスのリーダーになると、保護者対応の場面で前に出ることも多くなりますよね。漫画では、絢夏は楓のクラスの保護者対応にもかかわっています。自分のクラスだけではなく隣のクラスにも目を向け、フォローをしようとする絢夏の成長がみられる場面でもありますが、保護者との関係は逆にこじれてしまいました。絢夏はどんな対応をすべきだったのでしょうか…。

ここでは、特にクレームやトラブルになりやすい対応について、一緒に考えていきたいと思います。

小さなことでも報告・相談しよう

漫画のなかで、絢夏はいつもよりきれいな服を着ていたゆうた君に気がつき、苦情につながるのではないかと不安に思っていました。おたよりでお知らせしていたとしても見逃しているかもしれない、忘れているかもしれない…　そんな可能性を考えることもできたはずですね。特に細かいことやほかのクラスのことだと、まぁいいかと流してしまうこともあるかもしれません。しかし、特にクレームやけがにつながりそうなことについては、先輩や上司に相談し、見逃さずに対策をするのが賢明でしょう。リーダーとして他人の責任だ、と人任せにせず、責任感をもって行動していきたいものです。

汚れてしまった服を少しゆすいでおく、保護者が気づく前に伝える等の対応をすることができれば、ゆうた君のお母さんのように感情的に怒ることを少し抑えられたかもしれません。先輩たちの知恵を借りて、しっかり対応できるように後輩に伝えていきましょう。

クレーム対応のポイント

心情を理解し謝罪する

相手が怒っていたらまず最初にやるべきことは、謝罪の言葉を伝えることです。何でも謝ればいい、という話ではありません。相手の心情を理解して謝罪をすることが大切です。「嫌な思いをさせてしまって申し訳ありません」「心配をおかけして申し訳ありません」など、相手の不満や不快の感情に対する謝罪をするのがポイントです。

最初からこちらの主張や事情を伝えても、感情的になっている時に受け止めてくれる人はなかなかいません。さらなる怒りを呼ぶことになるでしょう。ひと言目に心情を理解して謝罪の言葉を添えることで、相手の感情を少し抑えることができます。

最後まで話をじっくり聞く

こちら側の言い分を伝えたくなることもあるかもしれませんが、まずは相手がどうして怒っているのか、何に困っているのかを十分に聞き、事実確認をすることが大切です。真《しん》摯《し》に話を聞いていますということが伝わるように、相槌や表情、姿勢に気をつけて傾聴します。必要に応じてメモをとることも大切です。保護者にとって「敵」になるとこじれてしまいます。すべてに共感したり受け入れたりする必要はありませんが、わかろうとしてくれている人だと思ってもらえるかがポイントです。

わからないことを適当に答えない

わからないこと、自分では答えられないことについては、適当にその場で答えてはいけません。特に相手が感情的になっていると、すぐに解決しなければ…と焦ってしまいますよね。相手の勢いに押されて「そうですね」「大丈夫です」などと答えてしまったということはよくあるものです。迷った時には一人で判断しようとせず、「園長に確認します」「園で相談してみます」などと伝えるのがよいでしょう。

できないことを「やります」と言わない

蚊に刺されると腫《は》れてしまうから、刺されないようにしてほしい。そのような要望があったら、どのように答えるのがよいのでしょうか。「もう蚊に刺されないようにします」と答えてしまいたくなりますが、刺されなくするための対策はできても、実際に蚊に刺されないことを実現するのは難しいです。実際にできない可能性のあることを「やります」「絶対に」などと言ってしまうと、さらなるクレームにつながりかねませんので、気をつけましょう。

できる対応については具体的に示す

「気をつけます」「意識していきます」という答えは抽象的で、誠意をもって対応してもらえたとは感じにくい場合があります。クレームの内容にもよるので、すべてに具体的な対策を挙げる必要はありませんが、「気をつけます」よりも「〇〇について職員間で確認します」「〇〇のように対応します」とできるだけ具体的に話すように心がけましょう。

チームで解決する

一人で抱え込まないことが大切です。すぐに園長や主任に報告・相談をして対応を考えていきましょう。園長からひと言声をかけてもらったら解決したというのはよくある話です。また、できる限り二人で話を聞き、言った・言わない等のトラブルを防ぐことも大切です。

できることはすぐに対応する

伝えたのに全然改善されない。これもよくあるクレームの一つです。忙しく日々追われていると、うっかり4、5日経ってしまうこともあるかもしれませんが、それは言い訳にすぎません。「対応します」と伝えたことについては、早急に取り組み、必要があれば、「〇〇のように対応しました」と報告をしたり「ご意見ありがとうございました」と感謝を伝えたりするとよいでしょう。

日々の信頼関係が一番大事

普段からよい関係を築いていくことが最大のポイントといっても過言ではないでしょう。

保護者に困りごとや要望があれば、小さなことでも相談として話してもらえる、そんな関係をつくっていくことが大切です。信頼関係は日々の小さなかかわりのなかで生まれます。忙しいとつい必要な伝言事項ばかりになってしまいがちですが、雑談も大切にしながら、話しかけやすい、相談しやすい関係性を築いていきましょう。

最後に再度の謝罪と感謝を伝える

クレーム・苦情というのは、決して悪いことばかりではありません。誠意をもって対応すれば信頼関係を築くきっかけにもなりますし、今まで配慮が行き届いていなかった点に気がつくきっかけにもなります。クレームの裏には保護者自身の不安や困り感が隠れているることもあるので、気持ちを丁寧に聴くことが大切です。最後にもう一度、心情に寄り添った謝罪をするとともに、想いを伝えてくれたことに感謝の言葉を伝えましょう。

すいませんっ
りくさんっ
!!
嫌な思いをさせてしまって申し訳ありません！
…
シミが残ると困りますよね…？
そ、そうなのよどうにかならないかしら…
大切な服なんですよね…？
義母が買ってくれたもので…今日は泥んこの日だからやめておこうって言ったんだけどどうしてもってきかなくて…
ママごめんなさい泥んこの前にお着替えするの忘れちゃった
お母さんの気持ちに気づけず申し訳ありませんでした
いえっ
私も連絡ノートにひと言書けばよかったです
ペコ
楓先生絢夏先生ごめんなさいね
保護者が何に困ったり何を不安に思ったりしているのかを丁寧に読み取ろうね
はい…
そこを怠ると要望や相談がすべてクレームにみえてきちゃうよトラブルになりそうって思った時点で相談してね
はいっ

column

中村章啓

ピンチ？
それともチャンス？

　保護者からのクレームへの対応には誰でも頭を悩ませるもの。しかし、業務を見直すうえでも、保護者と信頼関係を築き直すという意味でも、とてもよい契機と考えることもできます。適切な対応の結果、保育の質が向上したり、保護者との連携が強化されることも珍しくありません。

　とはいえ、その対応には細心の注意が必要です。リーダーにとっても簡単ではありません。ベテランといっていい園長クラスでも、得意にしている人はいないくらいです。

　今回のエピソードでは、楓さんも絢夏さんも、ゆうた君のお母さんの怒りに油を注いでしまいました。りくさんのとっさのフォローで事なきを得ましたが、お母さんの心情に寄り添う前に、こちらの説明責任は果たしたと弁明するのは、この場合は悪手だったようです。

　りくさんは、このトラブルを保護者との信頼関係の構築と、後進指導のチャンスに活用しました。経験を積めば、絢夏さんにもこうした余裕が出てくるのかもしれません。

近隣の公園で園外活動ー
あっ
こんにちは〜
キャー
まてまてー
ダンゴムシいたー？
こちらへどうぞ〜一緒にお砂場で遊ぼうか？
ありがとうございますっ
何歳ですか？
これつかう？
このあいだ2歳になったばかりなんです
ワイワイ
そうなんですね〜

午睡時間を利用したミーティング
今日公園にお子様連れがいらっしゃったとき挨拶すべきでしたね
子どもたちを追いかけるのに必死で…
あ〜…
私も…
園外では一人ひとりが園の代表という自覚をもってほしいんです
気づいてからでかまわないので気持ちよくご挨拶するように心がけてください
はい…すみません
地域の人って結構見ているんですよね
おひさま保育園の先生は元気でいいなぁって思ってほしいじゃないですか
私たちがおひさま保育園のイメージをつくっているんだよね
それに地域の子育て家庭を支援することも保育所の大切な役割のひとつなんです
確かに〜！地域の子育て家庭向けの支援メニュー
紹介できるといいのかな…
普段から信頼関係を築いておくのも子育て支援の一つですね
まずは笑顔で挨拶〜がんばります！

解説

保育所では、利用している保護者に対する子育て支援だけでなく、地域の保護者等に対する子育て支援についても積極的に行うように努めることが求められていることはご存知のことと思います。前回（１９９９年）の保育所保育指針の改定時、保育所が地域子育て支援という社会的役割を担う必要があることが総則に明記され、保育所では地域においてその特色を活かした多様な子育て支援の取り組みを展開してきました。現在（２０１７年改定）の保育所保育指針では、地域とのコミュニケーションについて以下のように書かれています。

第4章　子育て支援

3　地域の保護者等に対する子育て支援

(1)　地域に開かれた子育て支援

ア　保育所は、児童福祉法第48条の4の規定に基づき、その行う保育に支障がない限りにおいて、地域の実情や当該保育所の体制等を踏まえ、地域の保護者等に対して、保育所保育の専門性を生かした子育て支援を積極的に行うよう努めること。

園によって取り組みの実態はさまざまかと思いますが、みなさんの園でも、地域の子育て家庭に向けて行っている支援活動があるのではないでしょうか。地域のつながりが希薄化している現代において、地域の子育て家庭をつなげる役割を担うことや、相談できる場所として機能すること等、保育所が地域の子育て支援をしていく重要性は年々高まっているように思います。最近ではマイほいくえん等の名称で、近隣の園に登録して、遊びのプログラムや離乳食の講習会、園庭開放等に参加できる取り組みを行っている自治体もあります。子育て家庭だけではなく、出産を控えたプレパパ・プレママへの支援を行っている園もあるでしょう。自分の園ではどのような支援活動をしているのかについてはしっかり把握しておきましょう。

地域とのかかわりにおいては、それだけではありません。戸外に出て地域の住民に挨拶をしたり、庭に咲いているお花を見せてもらったり、漫画にも出てきたように、公園で一緒に過ごしたりすることもあるでしょう。地域の住民とふれあうことは、子どもたちにとっては人の温かさを感じられる機会になりますし、園の安全・防犯という側面においても大事にしたいところです。

日々の保育業務でも忙しいのに、地域の支援まで？　なんて思う人がいるかもしれません。リーダーとして、保育のことはもちろんですが、地域の保護者に対する支援という側面があることも知っておきましょう。私が保育現場で担任をしていた頃、公園で一緒になった親子には挨拶をし、余裕があれば「何歳ですか？」「元気がいいですね」などとひと言話しかけるようにしていました。すると時には、同じくらいの年齢の子どもをもつ母親から「みんなオムツってはずれていますか？」と質問されたり、「うちの子、すぐお友達のオモチャを取ってしまって…」と小さな悩みを伺ったりすることがありました。また、子どもへの声のかけ方や遊びの援助の仕方を見て「参考になりました」と言ってくれた人もいました。公園でゆっくりと話ができるわけではありませんが、こうした小さなかかわりも広義には子育て支援に入るのかもしれませんね。

戸外に出たら園の代表

子どもたちと散歩先の公園で遊んでいたある日のこと。3歳児クラスと思われる近隣の保育所の子どもたちも同じ公園で遊んでいました。帰りの時間になり保育者たちが子どもに声をかけていましたが、2人の子どもがジャングルジムに登って降りようとしません。「楽しかったんだね。またこの公園にお散歩に来られるといいね～」と私が声をかけると、「うん！」とうれしそうな笑顔で返事をしていた2人でしたが、奥から怖い顔をした保育者がやってきて「いつまで遊んでいるの？　帰るって言っているでしょ！」と大きな声で一喝…。子どもたちは「ヤダ～」と言いますが、半ば無理矢理連れて帰らされてしまいました。そんな様子を見て「あぁ、あの保育所ってこういう保育をするんだな」と思いました。声をかけた保育者は、担任なのかたまたまその時間にいたパートさんなのかはわかりません。そういった保育がその保育所の方針なのかそうではないのかもわかりません。しかし周りの人は、一人の保育者の言動を見て、その保育所の印象を決めることは確かでしょう。

私が園長をしている園では、地域の入園希望の保護者向けに、定期的な入園説明会を行っていますが、入園希望の理由を書く欄には「公園で遊んでいる様子を見ていて、保育者さんの声かけが素敵だった」「散歩先での保育者の雰囲気が明るくてよかった」と書いてくる人が少なくありません。特に、入園先を探している保護者はよく見ているものです。通勤時の道すがら、「あ、あの園の先生だ」なんて見られていることもあるかもしれませんね。

一歩外に出たら、誰もがその園の印象を決めてしまいかねない存在であることを、しっかり覚えておかなくてはいけません。

指示や指導は具体的に

もう一つ、漫画のなかでポイントになる部分がありました。絢夏の「園の代表だという自覚をもってほしい」という言葉です。保育現場に限った話ではありませんが、「社会人としての自覚が足りない」「○○としての自覚をもってほしい」。そんな上司の嘆きを聞くことはよくあります。気持ちはとてもわかりますが、この自覚という言葉、とても抽象的で受け取り方が人によって変わってしまう言葉なのです。

指摘や指導をする際、「自覚をもって取り組みましょう」「しっかりやりましょう」という抽象的な言葉で、こちらの思っていることが伝わり実行できるとしたら、どんなにいいだろうと思いますが、現実にはなかなかそんなことはありません。どんなに「自覚をもってしっかりやるように」と言ったとしても、そして言われた部下がどんなにがんばったとしても、その意図やイメージが共有されていなかったら、指導しているのに全然変わらない！　なんてことになりかねません。

漫画のなかで、落ち込む麻衣と裕香の様子に気づいた絢夏は、「おひさま保育園の先生は元気でいいなぁって思ってほしいじゃないですか」と、挨拶する意義について、具体的なイメージがわくように伝え直しています。「挨拶しなさい」だけでその意図が伝わる場合もありますが、何のためにそれをするべきなのか、それをしてどうなってほしいのかという意義や効果について具体的に伝え、イメージを共有しておくことが大切です。

また、「苦情がこないように」というネガティブな伝え方ではなく「元気でいいなぁって思ってほしい」とポジティブな伝え方をしている点もポイントです。ネガティブな伝え方をすると指摘されたという印象が強くなりますが、ポジティブな伝え方をすることで、一緒によくしていこうという想いが伝わり指摘を前向きにとらえてもらいやすくなります。リーダーとしてしっかりやらなくてはと思うと、指示や指摘が多くなってしまうことがあります。ポジティブな伝え方を意識して、力を合わせてがんばれるチームをつくっていきましょう。

後日ー
こんにちは〜
こんにちは〜っ
よく
お会いしますね
一緒に遊ぶ？
こんにちは！
お砂場どうぞ〜
一緒に遊ぼう
ニコ
ニコ
うちの園で
絵本講座とか
料理講座をやって
いるんですけど遊びに
来てみませんか？
私も言ったんだけど
気後れしちゃう
みたいで
緊張しちゃい
ますよね
火曜日の
午前中は園庭開放も
していますよ
お子さんに
ちょうどいい大きさの
遊具もありますし
それなら
気楽かも…
楽しそうね
私も遊びに行って
いいのかしら
ぜひぜひ！

column

中村章啓

具体的な指示の大切さ

「園を一歩出たら、職員一人ひとりが園の代表という自覚をもとう」…頭ではわかっていても、実際の行動が伴わないこともありますね。園外活動では、子どもの安全と遊びの充実に意識が割かれてしまうのではないでしょうか。

裕香さんと麻衣さんは、公園に家族連れが来ていることに気づくことはできても、挨拶をしたり積極的にかかわる余裕はありませんでした。そんな状況では「自覚をもとう」「配慮しよう」という抽象的な指示は適当ではありません。混乱して、さらに余裕を失います。

絢夏さんは「挨拶をしましょう」と、具体的なアドバイスを行いました。また、その意義を「元気でいいなぁと思ってもらう」「普段から信頼関係を築く」と具体的に説明しています。そうすることで、園の理念や方針の理解を深めることにつながっています。リーダーらしい指導で、絢夏さんの成長がみえますね。

幼児クラス・乳児クラス
合同ミーティング―
先週
ヒヤリハット
報告が続いた園庭の
築山ですが…
当面
使用禁止にした
ほうがいいかと…
いやぁアレ
すごく楽しんでますよ
3歳以上は
でも
現に1歳・2歳の
担任からは
『危険』って声が
挙がっているわよ
麻衣さん…
ショック
えっ
あの…
じゃあ
2歳以下は禁止で
そうね
・・・
えーっと
他の人の意見は…?
どうですか?
麻衣さんは?
えっ…

こないだりえちゃんが転んでひざすりむいて麻衣さん大変だったんですものねぇ
あ…それは…まぁ…
しゅん…
もぉぉぉ!!なんで主任そうやって言うのよ～
これじゃ麻衣さん発言できないじゃん!!
モヤ
モヤ
それに～～危険なこと排除すればいいってことじゃないでしょ!!
はいっ!
まずみんなでメリットとデメリットを出し合ってみてそれからディスカッションしてはどうでしょうか?
ふせんを使ってみんなに意見出してもらおう
なるほど!
さっ
あっ
麻衣さん意見書いてくれてる
危険を回避する力を育む
せっせっ
カキカキ
こう考えてみるとメリットも結構あるなぁ
ですよね～

解説

目的がはっきりせず、結局何の時間だったのだろう？　と思ったり、声の大きい人の意見ばかりが通ったりして、会議は何だかモヤモヤする、そんな声を聞くことがよくあります。時間のないなかで会議をしているのに、話しているうちに本題がわからなくなって終わってしまうなんてもったいないですね。また、特定の人しか話さない会議では、声が大きい、話し好き等、本質とは関係ない個人の特性によって議論が左右されることがあります。限られた時間のなかで何かを決めていく際には、全員の意見を聞くことが最善とは一概にいえませんが、みんなで意見を出しあって決めていこうという場面では、声の大小に左右されず、効率よく意見を出しあえる場をつくっていきたいものですね。

リーダーになると、会議の一部を任されたり園内研修の場を仕切ったり、クラスの会議を進めていくという場面もあるでしょう。ここでは、そんなさまざまな会議の場面でのポイントや工夫について紹介します。

目的を明確にする

まず最初にこの時間をどんな時間にしたいのかについて、共通認識をもつことが大切です。検討事項がある場合には、終わった時に何が決まっていたらいいのか、どうなっていたらいいのかというゴールのイメージをもっておきましょう。ゴールのイメージが「運動会の内容を決める」なのか「参加者のモチベーションが上がる」なのかによって、内容も参加の姿勢も変わることでしょう。

説得よりも納得が大事

意思決定していくための会議においては、「説得する」ことよりも「納得してもらう」ことを考えて進めていくほうがいいでしょう。イヤイヤでもやってもらうことが必要な場面もあるかもしれませんが、「確かに、こうしたほうがいいね」と納得し、自発的に動けるようにしていきたいものです。

人は内容の善し悪しだけではなく、説得されることを無意識的に拒む傾向があります。「やりなさい」と言われるよりも、「やったほうがいいな」と思えるように伝えていく…　保育と同じですね。漫画のなかでは吉村主任の発言力が強く、築山は危険だから使用禁止にしたほうがいい、という意見でみんなを説得、つまり意見を押し付けて理解させようとしています。このまま決まってしまっては、麻衣や絢夏は、その判断が適切だったのかということ以上に、自分の意見を聞いてもらえなかった、押し付けられたという感情が残ってしまうでしょう。たとえ自分の意見が反映されなかったとしても、想いや発言を聞いてもらえたか、話しあって決めることができたかはとても大切です。

意思決定をしていくうえでは、合意形成が必須です。満場一致しなくとも、進めていかなくてはいけないこともあるでしょう。決め方は多数決であったり、ジャンケンであったり、鶴の一声ということもあるかもしれませんが、関係者が自分ごととしてその課題に向きあい参加意識をもてたかどうかがポイントです。

質問によって答えは変わる

漫画のなかでは、「けがが続く築山をどうするか」について話しあっていますが、もしこの時の質問が「築山で安全に遊ぶためにはどんな工夫ができるか?」だったらどうでしょう。きっと、話し合いの流れも出てくる意見も変わっていたのではないでしょうか。質問で思考が変わり答えが変わります。何を考えてほしいのかをよく考えて質問を決めましょう。

発言しやすい場をつくる

人前でどんどん発言できる人もいれば、発言できない人もいるでしょう。しかし、発言できない人がとてもよい意見をもっているかもしれません。無理に意見を引き出す必要はありませんが、発言しやすい場をつくることが大切です。以下、場づくりの工夫をいくつか紹介します。

●グラウンドルールを共有する

話しあいの場面で最初にやるといいのは、グラウンドルールを共有することです。グラウンドルールとは、会議等の場面においてみんなで共有すべきルールのこと。例えば次のようなルールです。

① 相手の意見やアイデアを否定・批判しない
② 年齢や役職は気にせず発言していい

③　人の話は最後まで聞く、途中で口出ししない
④　質より量を出す

声の大小にかかわらず安心して意見を出せる場にしたいという場合には、①②③のようなルールを最初に設定しておくといいでしょう。多くの意見を出してほしい場合には、④のルールを設けるといいでしょう。よい発言をしなくてはと考えて発言しにくくなることを防ぎます。どんな会議の場になったらいいかを考えて、その場に適したグラウンドルールを提示してみましょう。守れていない人がでてきたら、グラウンドルールをもう一度提示して、「この場はこのルールを守って進めていきますよ」と確認しましょう。

●アイスブレイクをする

話しあいに入る前に、簡単なゲーム等をして、場の雰囲気を温めてから始めましょう。笑ったり声を出したりすると、場が温まり安心感や参加意識が出てきます。

●ふせんに書き出す

漫画のなかで、意見があるのに発言しにくい状況を打破するためにりくが提案したのが、

この「ふせんに書き出す」という手法です。発言することが苦手な人に意見を出してもらいやすくなると同時に、書き出したふせんを見て議論することで、誰の意見なのかということに余計な気を使わず平等な議論がしやすくなります。3～5分程度のシンキングタイムをとり、ふせん1枚につき一つの意見を書き出してもらいましょう。落ち着いて意見を考えることができるので、思いつきで会議が進むことはありません。書き出した後に1枚ずつ発表してもらいます。そうすることでみんなが発言し意見を出すことができますし、どの意見が多かったのかを視覚的に見ることができます。

●少人数のグループに分ける

全体の前では発言できない人でも、3、4人のグループであれば安心して話せるということもあるでしょう。若手グループ・ベテラングループなどと年齢で分けたほうが発言しやすく盛り上がることが多いです。内容によって分け方を工夫しましょう。

では
みんなの意見が
共有されたので
これを踏まえて
どうしていったらいいか
考えていきましょう
ペタッ
危険回避
体験を通して
危険を予測したり
回避したりできる
環境というのは
これだけみんなもふせんに
書いてくれているし
大事にしたいところですよねぇ
そうね…
でもけがをして危険
という意見もあって
無視できないわよ
あ…
あの…
2歳児室の近くに
小さな築山を増やすと
いうのはどうでしょう
天オ!
そしたら大きい
築山で遊ぶ前に
十分に身のこなしを
経験できますね!
ねぇ主任!
レディネスを
整えるという
ことね…
園長に提案して
みましょう
なるほど…
パアアア
わ〜いっ
グッ
よかった…!
ホッ

column

中村章啓

対話を支える工夫や配慮を

保育・幼児教育において、質の向上に不可欠な要素とみなされているものの一つに「質の高い対話」があります。保育雑誌等でも、フォーマルな対話の場として、会議や園内研修に関するさまざまな工夫がたびたび特集されています。

今回のエピソードでは、ふせんを使ったワークを行ったところ、発言しにくそうにしていた麻衣さんのアイデアを拾ったり、危機管理を意識しすぎてデメリットばかりに着目していた楓さんがメリットに気づくきっかけとなりました。吉村主任も、公平に意見を取り入れて合理的な判断を下そうとする姿勢はみえますが、若手が意見を出しやすい雰囲気への配慮には気が回っていません。

意見やアイデアを否定しない、経験年数や役職にかかわらず発言を尊重する等のルールを設定することで、誰もが発言しやすい場に近づけることができます。アイスブレイクなどの工夫で、頭と心のウォーミングアップをしてから議論に入るのもいいかもしれません。

2週間後に運動会を控えたある日ー
絢夏さん ちょっとだけ しょうくんを ここで遊ばせて くれませんか?
ここなら 妹ののあちゃん もいるし…
かまわない けど…
そっか… 大丈夫…?
よし よしっ
おなか いたい…
ぎゅっ
読んで~
しょうくんも 絵本一緒に 見よう!
…
運動会… お休みするの
おなか いたいから
あぁ… 練習が 厳しかった のかな…
職員室
勝手なこと しないでほしい んだけど!
すみませんでした
でも 嫌がっているのに 無理に誘っても…
難しいことでも 粘り強く取り組む のも大切でしょう?
そもそも 誰のための練習 なんですか?
ほとんど並んで 待っていただけ じゃないですか
うわぁぁぁ

まぁまぁ
二人とも…
絢夏さん！
どっちが
正しいですか？
来たーっ!!
ヒィィィ
た・正しい
かって…
うう…
ギロ
無理やり
練習しても嫌に
なるだけだよ…
って思うけど
楓さんの目線が
怖くて言えない…
しょうくんの
様子見てたら
あれが正しいとは
思えなくて…
ねえ？絢夏さん
でも本番で
できなかったら
嫌な思いするの
しょうくんだよ!?
わかってる？
子どもたちにとって
大切なことを決めるなら
しょうくんや
他の子どもたちにも聞いて
みたらどうかな？
それは…
そうですね
それに…
保育理念
自分で考え
行動し
責任をもつ
人を育てる
うちの園はさ
自分で考え行動し
…なんだよね
自分で
考え…か…

解説

運動会直前、一生懸命がんばる保育者と気持ちが離れていってしまう子ども、保育者同士の意見の食い違い… 園ではありがちな場面ではないでしょうか。リーダーともなると、自分のクラスだけではなく後輩のフォローをすることもありますから、こういった場面に遭遇することがあるかもしれません。どのように解決すればいいのか、考えていきましょう。

行事は誰のため？

運動会や発表会の1週間前になると「来週お母さんたちが見に来るんでしょ？」「そんなんじゃ見せられないよ！」と、子どもを叱咤《しった》する保育者の声が聞こえてくる… そんなことはないでしょうか。ある園では、子どもたちが怒られて泣きながら発表会に向けてタイコの練習をする場面がありました。発表会が成功するように、保育者は一生懸命子どもたちに練習をさせるのです。確かに「上手になってきた」という喜びがあったり、本番には保護者に褒《ほ》められて自信をつける姿があったりしますから、一概に否定できるものではないと思います。しかし、子どものためというより行事のための行事、大人のための行事になっているように感じてモヤモヤしたものです。

子どもたちのためにと始めたことでも、いつの間にか子どもの気持ちが置いていかれてしまう…　時々そんなことがあるように思います。

漫画のなかでは「難しいことに粘り強く取り組めるようになってほしい」「本番で嫌な思いをしてほしくない」そんな思いで必死に運動会を成功させようとがんばっている楓の姿が描かれています。行事を成功させたい、できた、がんばったという達成感を感じてほしいという楓の気持ちもわかりますが、しょう君の気持ちはついていっていないようです。先生に怒られるからがんばる、親に褒められるためにがんばる…　このようなモチベーションは健全ではないように思います。子どもたちの「やってみたい」「がんばろう」という内発的動機を大切にし、主体的に取り組めるようにしていきたいものですね。

特に運動会や発表会等、保護者が参加する行事では目的を見失いがちです。子どもたちが楽しんで取り組めているかという視点や、大人が考えたことばかりをやらせるのではなく、時には子どもたちと相談をして一緒につくり上げていく、そんな視点をもてるといいでしょう。行事に限らず、子どもたちを中心に考えられる保育所でありたいですね。

理念・保育方針の大切さ

ところで、漫画にあるように意見が対立する場面、保育現場ではよくあるのではないでしょうか。

あなたは甘やかしすぎている…　あなたは厳しすぎる…、そんな言いあいで埒《らち》が明かずに人間関係がどんどん悪くなっていく。私はそんな場面をたくさん見聞きしてきました。意見の対立が起こった時には、楓と太郎のように「どちらが正しいか」という議論をしてしまいがちですが、それがこじれる原因ではないかと思います。「私はAがいいと思う」「私はBがいいと思う」という互いの違う価値観を主張しあっても、教育に正解や不正解はありませんから、どちらが正しいと判断できる話ではありません。意見をすり合わせていくためには、その園の理念や方針を軸に考えることが大切です。

私は元々公立園に勤めていましたが、そこでは園長が2、3年で異動し、私たち保育者も6年程度で異動をすることになっていました。「心も身体も健康な子」「自分で考え行動できる子」などといった保育目標や「子ども一人ひとりを大切にして…」といった園の保育方針が掲げられていますが、園長が異動をすれば、実際の園の方針はガラッと変わってしまう、そんな現状がありました。そのためか、園の目標や方針に基づいて話しあいをしたことはなく、意識している保育者もほとんどいなかったように思います。そうなると、個人の価値観や園長の物差しで正しさを計ることになります。あなたの保育は甘すぎる、あなたが厳しすぎるんだ…と、個人の価値観をぶつけあって対立することもありました。保育の理念や方針があいまいだと、一体どこに向かって保育をすればいいのか、どんな保育を「よい保育」としたらいいのかがわからなくなってしまうのです。

意見をぶつけあい、自分の価値観で「あなたが間違っている」と否定しあうのではなく、「うちの園の方針は○○だから、○○したほうがいいですね」と、園の理念や方針を軸に考えることができたら、そこまで意見を対立させずに保育ができるのではないでしょうか。一人ひとり経験してきたことや価値観が違う人が集まって保育をするのですから、意見が違って当然です。互いの意見を尊重しながら、「うちの園ではどうするのがいいか」を考えるようにしましょう。

保育所保育指針に立ち戻ろう

園の方針なんてあるようでない、と困る保育者もいるかもしれません。そんな時には保育所保育指針、幼稚園教育要領、幼保連携型認定こども園教育・保育要領を軸に考えていくことがいいでしょう。保育所保育指針解説、幼稚園教育要領解説、幼保連携型認定こども園教育・保育要領解説も併せて見てみると理解が深まり、どんな保育を目指していけばよいのかという方向性がみえてくるはずです。保育所保育指針は各保育所が行うべき保育の内容等に関する全国共通の枠組みであり、すべての保育所が拠るべき保育の基本的事項を定めているものとされています。全国の保育所においては、この保育所保育指針に基づいて保育が実施されているはずです。馴染みが薄いという人もいるかもしれませんが、読んでみると実践のヒントをたくさん見つけることができるでしょう。

行事について、保育所保育指針解説を見てみると、「特に行事については、保育所と家庭での日常の生活に変化と潤いがもてるように、子どもの自主性を尊重し、日々の保育の流れに配慮した上で、ねらいと内容を考える」「特に行事などでは、結果やできばえを重視し過ぎたりすることのないよう、共に進める保育士等同士が、その行事を取り入れた意図などを共通に理解した上で、活動の過程での子どもの変容を読み取ることが大切である」などといった記述があります。これらを参考に職員間で話しあい、共通理解を深めていけるとよいでしょう。

どんな保育者になりたいですか？

日々の忙しい業務に追われていると、真面目な人ほど子どもたちをまとめないといけない、うまくやらなければいけないと思いがちです。しかし、子ども相手の保育の仕事ではスムーズにいかないことのほうが多いでしょう。特に保護者の目を気にしたり、園長の目、主任の目を気にしてうまくやらなければと、子どもたちに厳しく当たってしまうというのはよく聞く話です。そんな保育者が周りにいたら、「どんな保育者になりたいと思っているの？」とさりげなく聞いてみてはどうでしょうか。保育者になろうと志した時は、子どもたちと笑いあって楽しい日々を送りたいという夢を描いて保育の道に進んできた人たちばかりでしょう。きっと「がみがみ怒って口うるさい保育者になりたい」なんて思っていた人はいないはずです。

会議の進め方でもお伝えしましたが、行動を変えていく時に大切なのは、説得よりも納得です。人に言われて「わかりました」とやらされるのではなく、腹落ちして自分から「やってみます」という気持ちになっていることが大切です。「こうしなさい」というよりも、本人の「どうしたいか」に耳を傾けてみましょう。

数日後
職員室
あっ
楓さん
その後どう？
しょうくんに
聞いたら練習嫌だった
って言われて…
そっかそっか…
それは大変
だったね
保護者も来る
行事だし
主任や園長の目も
気になって…もっと
うまくやらなきゃって
思っていたんですよね
うんうん
わかるわかる
楓さんって
厳しいけどいつも
一生懸命なんだよね
楓さんって
どんな保育者になりたい
って思っているの？
う〜ん
子どもの味方で
いたいというか…
子どもたちの
気持ちをわかって
あげられる保育者に…
ハッ
絢夏さん…！
子どもにとって
どうかって考えられる
保育者になります！
うん
うん
ガラッ
おつかれさま
ニコ
ニコ

column

中村章啓

真剣だからこそ ぶつかるときもあります

どちらも気心の知れた後輩とはいえ、同僚が意見を対立させている場に立ち会うのは、リーダーならずともヒヤヒヤしてしまいますね。特に「どっちが正しいですか?」なんてジャッジを求められてしまったら…。

絢夏さんはしょうくんの追い詰められたような様子を思い浮かべ、子どもたちの意見も尊重しようと提案しました。太郎さんと楓さんはハッとしたように表情を変えます。どちらにも「子どものために」という想いがあるからこそ衝突しているわけです。

具体的な手法をめぐって意見が対立した時は、子どもの最善の利益という目的に立ち戻るとよいでしょう。園として、その目的に向かう方向性を示しているのが理念・方針です。実践の計画を立てるうえでは、担当者の保育観も大きな影響を及ぼします。それらが整合しているときに、適切で質の高い保育が実現します。楓さんが自ら気づきに至るよう支えることができた絢夏さんに、リーダーとして成長がみえましたね。

誕生日会の設定準備──
せっせ
せっせ
毎月保護者を招いて行われる誕生日会 絢夏たちは準備に追われていた…
裕香さん さすが～上手！
もー～これ私持って帰ってテレビ見ながらやろっかなぁ…
かわいい～
あのー…これって誰のために作っているんでしょうか
!!!
ん？ 子どもたちのためでしょ
そうなんでしょうか…
じゃあなんで子どもたちの手が届かない高さに掲示するんでしょう
だって触って壊しちゃうじゃない
それにほらー保護者も見に来るからちゃんとやらなきゃ！
…あれ？ 保護者向けなのか？
保護者向けだとしたら
園での生活や子どもたちの育ちが目で見てわかるようにしたらどうかなと…
麻衣さん するどい…
でもずっとやってきたことを急に変えたら主任が黙ってないよ～？
はぁ?!
ですよね～ 怖くて言う勇気ないです…
チラッ
チラッ
こんな時は～…
ええええぇぇ
ムリムリ ムリ……

ですよね～
冗談ですよ～
こういう時に役に立てなくってどうするの…私…
それ園長先生と吉村主任に相談してみましょう
ぐっ
ん？
どうやって？
え?! 本当に？
うーんとうんと…
情熱的に話せば…！きっとわかってくれるはず…!!主任だって人間なんだし～
ポジティブ～！
ちょ…ちょっと冷静になろうか…
？
えっ
主任はさ頭で理解するタイプだから…
そうですね理解してもらいやすい伝え方考えましょう
スタスタ
あぁ～ちょっと～おいていかないでよ～～

解説

トップダウンとボトムアップ

一般に、会社の意思決定のスタイルとして「トップダウン」と「ボトムアップ」があります。トップダウンとは企業における会長や社長、役員などのトップが意思決定を行い、現場社員に指示を出して事業を推進する経営スタイルです。一方、ボトムアップとは現場社員からの提案をもとに、トップが意思決定していく経営で、現場のアイデアや意見を経営陣が吸い上げ運営するタイプの経営です。

どちらにもメリットやデメリットがあるので、どちらがいいということはありませんが、保育現場ではおそらく事柄によってどちらのスタイルも取り入れられているのではないでしょうか。つまり、園長や主任に言われたことをメンバーが共有して進めていくことも大事なリーダーの役割であるとともに、現場の意見を園長や主任に伝えていくこともリーダーの大切な役割ということです。

現場から提案していくことは、とても勇気のいることかもしれません。「こういう時に役に立てなくてどうするの」と自分に言い聞かせて提案することにした絢夏は、リーダーとしての自覚が芽生えていることを感じさせますね。現場の意見だけではなく、上司や経営陣からの意見だけでもなく、どちらの意見や思いも汲みとって、調整していけるかどうかがリーダーの腕の見せどころだといえるでしょう。ここでは、特にボトムアップで現場から意見を伝えていく時のポイントについてみていきましょう。

働きやすい職場は自分でつくろう

「ボスマネジメント」という言葉をご存知でしょうか？　一般的なマネジメントの概念とは逆に、部下が仕事の目的を達成するために上司を動かすという考え方を表すものです。上司をマネジメントするなんて…　と思う人もいるかもしれませんが、アメリカではわりと当たり前の考え方です。園長が変わったらいいのに…　という保育者の嘆きを聞くことがありますが、なかなかそうはいきません。自らのかかわり方を変えることで、上司がフォローや後押ししてくれる、そんな働きやすい職場を自らつくっていくのです。ここでは、ボスマネジメントをしていくためのポイントを紹介します。

●当たり前のことをしっかりやる

まずは上司と信頼関係を築くことが大切です。あなたが信頼されていなければ、話を聞いてもらうことすら難しいかもしれません。こまめで的確な報《ほう》・連《れん》・相《そう》をしたり、書類の提出期限を守ったり等の基本的なことをしっかりと行うことが大切です。

●言い訳をしない

言い訳をしたり人のせいにしたりすることの多い部下はあまり信頼されません。この人に任せれば責任をもってしっかりやってくれるという信頼感をもってもらえるように普段から意識しましょう。

●コミュニケーション

苦手な上司であったとしても、避けてばかりいるとあなたの思いは伝わらないばかりか、関係を悪化させることもあるでしょう。積極的にコミュニケーションをとり、自分の考えていることを普段から伝えていくだけではなく、上司の考えていることや思いを汲みとれるようにしましょう。仕事ができる・できないにかかわらず、自分にかかわろうとしてくれる相手を、人はそう悪く思わないものです。

●相手の状況を汲む

信頼関係が築けたら、次に大事になるは伝え方です。上司にも予定があり、話しかけても手が離せなかったり急ぎの仕事があったりします。自分の一方的な都合で相談事を投げかけてしまうと、感情的になって話がスムーズに進まないこともあるかもしれません。忙しい上司の行動様式を観察し、配慮することが大切です。

●上司の性格や好みに合わせる

提案や相談をする時には、上司の好みや傾向を知っておくことで、話をスムーズに進めていくことができるでしょう。何かを伝える時には、相手の受け取りやすい形にして伝えることが大切です。最後に、効果的なコミュニケーションを行うための手法として知られる「ソーシャルスタイル理論」を紹介します（図3）。

ソーシャルスタイル理論とは、アメリカの産業心理学者であるデイビッド・メリル（David

図3　ソーシャルスタイル理論

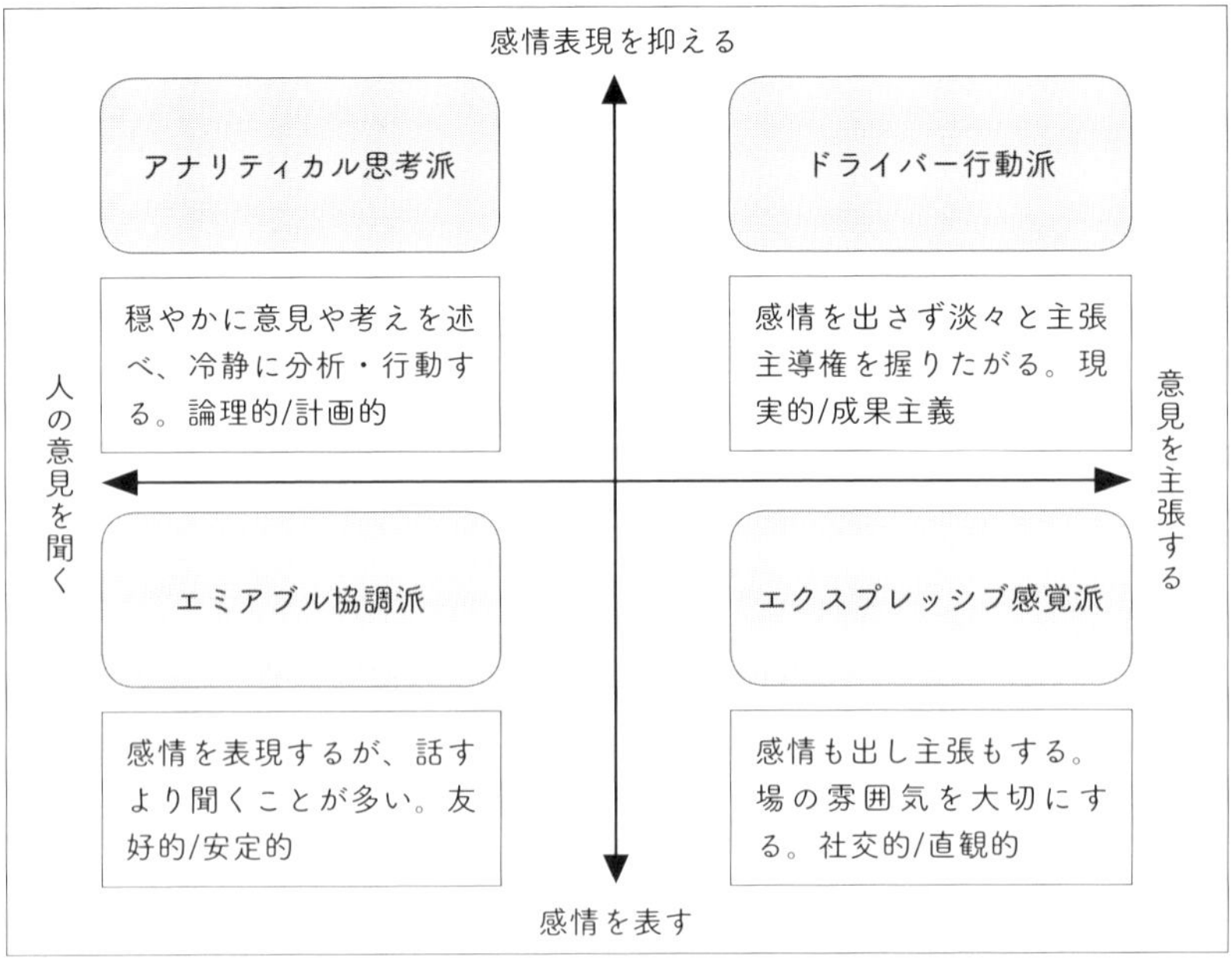
感情表現を抑える
アナリティカル思考派
ドライバー行動派
穏やかに意見や考えを述べ、冷静に分析・行動する。論理的/計画的
感情を出さず淡々と主張主導権を握りたがる。現実的/成果主義
人の意見を聞く
意見を主張する
エミアブル協調派
エクスプレッシブ感覚派
感情を表現するが、話すより聞くことが多い。友好的/安定的
感情も出し主張もする。場の雰囲気を大切にする。社交的/直観的
感情を表す

Merrill）とロジャー・レイド（Roger Reid）によって提唱されたもので、人の振る舞い方や物事の考え方、意思決定の仕方には好みがあり、その傾向から大きく四つのスタイルに分類できるという、今や世界に広まるコミュニケーション理論のことです。ソーシャルスタイルには四つのタイプがあり、「感情」と「自己主張」の大小によって分類されています。四つのタイプの特性を解説していきましょう。

図3をご覧ください。身近な人を思い浮かべてみると、あの

人はこのタイプ、とあてはまるものがあると思います。吉村主任はおそらく行動派のドライバータイプ。このタイプの人に何かを伝える時には、感情に訴えるよりも理論的に端的にその意図を伝えることが大切です。人に決められて動くことを嫌うため、選択肢を二つ、三つ提示したほうがいい場合もあります。小杉園長は協調派のエミアブルタイプでしょうか。このタイプは協調性を大切にします。「現場のみんなで考えました」ということを伝えると理解してもらいやすいでしょう。

人はつい自分の考え方に癖や偏りがあることを忘れて人に伝えがちです。伝える前に少し立ち止まって、相手が受け取りやすい形に変えて伝えるようにすると、コミュニケーションが今より少しうまくいくでしょう。

子どもたちの写真や
エピソードの紹介文を
掲示したいと思うんです
製作物や作って
いる様子の写真も
いいかなとか
現場からの
アイデアなんですが
いかがでしょうか
いいと思うわよ
…ねぇ麗さん?
そのねらいは
一体何なの??
落ち着け
私!!
あ…
え〜っと…
あの〜…
普段の遊びの中での
子どもたちの学びや
育ちについて
保護者の方に
お伝えしたいと
考えています
簡単にお祝いの
雰囲気づくりもしようと
思っています
…なるほど
いいんじゃない
でしょうか
ありがとう
ございます!
あぁぁぁ〜〜
緊張した〜
私の意見を真剣に
聞いて考えてくれて
ありがとうございました!
かっこ
よかった〜
こちらこそ
ありがとう
リーダーが
だんだん楽しく
なってきた

column

中村章啓

変わり続けられる組織であるために

麻衣さんは新卒1年目です。保育者としては経験不足で、絢夏さんや裕香さんの支えが必要です。しかし、最近まで養成施設にいたということは、保育・幼児教育に関する最新の知識をもち、保育を柔軟にとらえる感性をもっているということです。絢夏さんが「麻衣さん、するどい…」と驚いたように、新人のふとした疑問が実践のアップデートにつながるのも珍しいことではありません。

しかし、保護者などにもかかわりがある取り組みを変更する際には、園長や主任などに相談して許可を得る必要があります。リーダーには、現場と運営者とのパイプ役を担うことも求められます。解説では、まず信頼関係を築き、上司の思考や意思決定のスタイルに合わせて提案することが大切だとされていますが、普段からそうした視点をもって観察することが前提となります。エピソードでは、裕香さんや麻衣さんの観察眼に、絢夏さんが助けられた格好になりました。

タタタッ
太郎さん
どうしました?
うわぁぁ
うっうっ
園木の枝が
顔に当たって
しまって…
追いかけっこを
していて低い枝がある
のに気づかなかった
みたいです
少し赤く
なっているね
細い枝だったので
洗って冷やして
念のために主任にも
見てもらいます
それが
いいわね
きっと
砂場の脇の木ね
低い枝が伸びてたわ
私もちょっと
気になってました
4、5歳の子だと
ちょうど顔くらいの
高さですよね
気づいていたのに
ヒヤリハット出して
なかったんですか?
1歳児はあそこ
あまり通らない
ですしね…
パートの私が
でしゃばるところ
じゃないわよねぇ
そんな
時間も
ないし…
午睡時間を利用したミーティングー
ではこの1週間を
振り返ってヒヤリハット
を報告してください
特にないね
子どもたちも
落ち着いているし
環境設定も大きく
変えていないし
私からも
ありません
1歳児の行動範囲
には危険な要因は
思い当たりません

…今日の4歳児ふみ君のけが…私たちにも責任があったんじゃないかなって
えっ⁉
ほかのクラスの子のけがなのに？
なんで？
モヤモヤ
ヒヤリハットはけがや事故が発生してから報告するものではないんです
ん？どういうこと？
未然に防ぐためにヒヤリとしたことハッと気づいたことを共有しておくんですね
あっそうか…
だから担当児に直接関係がなさそうでも気づいたらすぐに報告してほしいんです
なるほど……でもミーティングまで覚えていられるかな…
そうしたら気になったその場でふせんに走り書きしておくっていうのはどうですか？
あっ
ヒヤリハット
それいいですね
さっそくやってみよう
でもそうやってヒヤリハットを集めておくだけでいいのかな…？
それです！
ハッ

解説

危機管理の意識をもつ

ヒヤリハットが多い＝ダメな保育？

きっとどの園でも「ヒヤリハット」に対する取り組みをしていることと思いますが、その意味や活用の仕方を理解していますか。

ある園では、ヒヤリハットに対する取り組みをしていたのですが、忙しいなかでなかなか書くことができず、数か月間（きっと、ヒヤッとしたりハッとしたりしたことがあったはずなのに）誰も出していないことがあったそうです。また、職員会議のなかでは、ヒヤリハットが多く出ると「もっと気をつけなさい」と指摘されることがあり、積極的に共有しづらい雰囲気だったそうです。

リーダーとして活躍していくには、園内の危機管理についての意識をもち、迅速に対応することが大切になるでしょう。自分が安全に気をつけることに留まらず、クラスの保育者等、ほかのメンバーにも、危機管理の意識をもってもらえるように伝えていくことが必要になります。ヒヤリハットのように危険なことの共有となると、自分の保育の落ち度をさらすような気持ちになったり、相手の保育の落ち度を指摘する気持ちになったりして、共有しにくいこともあるかもしれません。特にアルバイトや若い職員は、漫画にある裕香のように「私がでしゃばるところではない」と遠慮しがちです。

しかし、小さな危険についての気づきを「まぁいいか」と見過ごすことは、重大な事故につながりかねない危険なことであると認識しなければなりません。保育者は命ある子どもを預かることが仕事ですから、取り返しのつかない事故が起こる可能性があることを忘れてはいけません。

リーダーとしての意識

重大な事故が起こらないようにするには、リーダーだけではなく多くの人の視点で危険箇所の把握を行い、対応していくことが必要です。そのことを自分自身が理解し、ヒヤリハットを積極的に共有していくこと、そして周りの職員にも必要な理由を丁寧に伝えて、協力してもらうことが大切です。

ヒヤリハット以外に、災害時のけが・病気への対応も理解しておかなくてはなりません。

園長や看護師に頼れば大丈夫と思うかもしれませんが、園長や看護師が不在の時にはリーダーとして責任をもって対応しなくてはならない場面もあるでしょう。

自分のクラスだけではなく、早番や遅番などにも気を配っておけるといいでしょう。リーダーとして園内の安全を守っていくための意識を高くもつことが大切です。

ここでは、危機管理には欠かせない手法、「ヒヤリハット」について詳しくみていきましょう。

ヒヤリハットとは

ヒヤリハットとは「ヒヤッとしたりハッとしたりする危険な状態」を指します。ヒヤリハットの取り組みが大切にされている背景として、ハインリッヒの法則というものがあります。ハインリッヒの法則とは、アメリカのハーバード・ウィリアム・ハインリッヒ(Herbert William Heinrich)が導いた法則で、1件の重大事故の背後には、重大事故に至らなかった29件の軽微な事故が隠されていて、その背後には事故寸前だった300件の異常(＝ヒヤリハット)が隠れているというものです。ハインリッヒは「重大事故の98％は未然に防げる」とし、小さなヒヤリハットを見逃さずにできるだけ早く把握し、的確な対策を講じることが極めて大切であるとしています。

この考え方は、事故だけでなくさまざまな場面で活用することができるでしょう。大事なことを保護者に伝え忘れてしまった・個人情報の書いてある書類が見当たらない・パソコンで資料を作成していたら消えてしまった…　など、さまざまなヒヤリハットが思いつくのではないでしょうか。大きなけが・事故・苦情につながるようなことが起こる前に、小さなヒヤリハットを把握して対策していきましょう。

ヒヤリハットを共有しやすくする工夫

ヒヤリハットに気づいていても、共有されなくては意味がありません。毎日子どもと接するだけでなく、さまざまな業務を行っている保育現場では、ヒヤリハットを書き出してもらいやすくする工夫が必要です。様式を簡単にして短時間で書けるようにしたり、毎日目に入る場所に用紙を置いたり、打ち合わせの時に用紙を配布したり、会議の議案に入れておいたりするなど、園でできる工夫について考えましょう。また、危険箇所の状況が伝わりやすいように写真を活用することも有効です。

ヒヤリハットの活用

ヒヤリハットは、危険なことを共有し対策していくことに意味があります。出てきたヒヤリハットについては、できるだけ具体的な対策を講じることが大切です。

また、時間や場所、場面などの切り口で分析してみましょう。分析してみると、夕方の時間や疲れがたまりやすい週末に起こっていることが多いなど、傾向がみえることでしょう。傾向が把握できると、それに合わせた対策を考えられるようになります。

仕組み化して解決する

ヒヤリハットに限らず、何かの対策を考える際にありがちなのが、「気をつけましょう」「忘れずにやりましょう」というもの。このような人の意識や記憶に頼る対策で解決することもありますが、実はなかなか解決しないことが多いものです。

例えば、教材庫がすぐに散らかってしまう……　みなさんの園ではそんなことはないでしょうか。一人ひとりが気をつければ解決するはずなのに、なぜかいつもすぐに散らかってしまい、何度指摘してもなかなか解決しない。私が所属した園ではだいたいこういうことが起こっていました。問題を解決するためには、まず「意識改革」をすること。そのために「きれいにしましょう」「整理してしまいましょう」と声をかけることです。

しかし忙しい保育現場では、なかなかそれだけでは解決できません。そこで、次にできるのは、「環境を整える」こと。倉庫を整理して片づけやすいようにすることです。それでもなかなか解決しないこともあるでしょう。そんな時には「仕組み化する」ことが有効です。例えば「毎週土曜日の出勤者が、10分間片づけの時間をつくる」など、時間や担当者を決め、仕組みとして組み込んでしまうのです。忘れないように点検表を作成してもよいでしょう。できないことがあると、「どうしてできないの?」と人を責めてしまいがちですが、人の記憶や意識に頼ることには限界があるものです。人に頼り過ぎず、誰にでも意識しないでできる仕組み、または意識せざるを得ない仕組みをつくることで解決していくことが大切です。

幼児・乳児クラス合同ミーティングー
最近2歳児クラスでヒヤリハットが多く上がっています
事故になる前に他のクラスでも気になることは共有してください
それについてヒヤリハット事例の発生を場所と時間帯で分類してみました
乳児園庭
幼児園庭
ドヤッ
場所としては乳児園庭と幼児園庭の中間あたりか…
一目瞭然ねっ
環境整備の担当が曖昧で危機管理の意識が薄れるのかも…
そうか…
時間帯としては給食前とお迎えあたりがピークです
11:00
17:00
キャー
ワ
片づけや保護者対応に追われてつい見守りの意識が薄れてしまって…
よい分析だと思います
絢夏さんありがとうございます
はいっ
主任に褒められたぁ
じゃあ
さっそく対策の検討に入りましょう
はいっ

column

中村章啓

あらためてヒヤリハットをとらえ直してみよう

ヒヤリハット事例の報告と蓄積は、保育・幼児教育の世界にはすでに定着しています。子どもが心身ともに健全に成長することを願い、個々の家庭では難しい、豊かな経験を提供する場である保育の実践において、危険をゼロにすることはできません。一人ひとりの子どもの発達に照らして保育の計画を立てる際には、予想されるリスクを洗い出し、その対応も行います。それでも実践のなかでは、ヒヤリとしたり、ハッと気づくことが少なくありません。そうした事例を蓄積し、原因を分析することは、事故を未然に防ぐうえで重要です。

しかし、リスクの見通しや対策が不十分だったと非難されることを恐れて、事例の報告に消極的な保育者も少なくないでしょう。そうした信じ込みが薄いという意味でも、若手の意見は有益ですね。エピソードでは、報告を忘れにくく分析に活用しやすい点から、ふせんの利用が提案されています。ICTの活用も考えられますね。

ここを
もう少し広く掘って
ダムにしよう
おっ
ナイスアイデア
大きなスコップ
探してこようか
保護者さん
とのトラブルも
あったけど
今日も楓さんは
元気いっぱいね
よかった
あっ
そうだ!
楓さん
次の園内研修で何か
事例を出してくれない?
えっ!?
私がですか?
私なんかみんなの
参考になるような
実践ないですよ?
そーんなこと
ないわよっ
普段どおり
自信たっぷりに
やって!
ポンッ
……
あ…
はい…
あー
えっと…
あっ
楓さん
太郎君がちょっと
ピンチかも
さりげなく
ヘルプに行ける?
えっ
あっはい!

終業後ー
あっ 楓さん！
ぎくっ
あっ ちょっ…
はっ
いいところで 会った
あのね 実はね…
りく先輩 私もうムリ～ 保育士辞めたい～
じわぁ…
えっ?!
ガーン
絢夏さん ちょっとプレッシャー かけ過ぎたかも…
うっ うっ
ど… どういうこと？
おろ おろ

解説

つい自分の価値観を押し付けてしまう

世の中には、前に出て話すことが得意な人もいれば、苦手な人もいます。成長志向が強い人もいれば、安定志向が強い人もいます。育ってきた環境やこれまでの経験、素質や性格など、人によって違うので、価値観が違うのは当たり前のこと。しかし、人はつい自分がよいと思っていること、正しいと思っていることであるほど、相手の価値観を忘れて、こうしたらいいよ！　こうするべきだよ！　と人に押し付けてしまいがちです。

漫画のなかでは、楓は園内研修の事例を出すことに躊躇《ちゅうちょ》している様子でしたが、「楓さんならできる、成長のためにもやるべきだ」と思っていた絢夏は「そんなことないわよ」と、自分の価値観を押し付けるように話を進めています。少し無理やりであっても、実際にやってみて成長する人もたくさんいるので、時にはこうして背中を押すことも必要かもしれませんが、楓のように期待が重荷になってしまうこともある、というのは時々聞く話です。

楓は「もう無理～」と声をあげられたのでまだよかったかもしれません。しかし、弱音を吐けずに「しっかりやらなくては」とがんばりすぎてつらくなる人も多い気がします。「失敗しても大丈夫」とリーダーが一生懸命フォロー体制を整えていても、失敗を前向きにとらえられる人ばかりではないので、自分にはこの仕事は向いていないんだと落ち込む人がいるかもしれません。よかれと思って提案したことで、相手が落ち込んだり自信をなくさないように気をつけましょう。

相手に合わせていく視点をもつ

このような時、多くの場合は自分の価値観を押し付けている本人に悪気はなく、相手のためを思って無意識にやっていることがほとんどです。漫画のなかでは、楓の力を信頼してどんどん成長していってほしいと願うばかりに、絢夏がさまざまなことを楓に頼んでいますが、絢夏はそこまで重荷になることを頼んでいるつもりはなく、価値観を押し付けようと思っているわけでもないでしょう。相手のために…と自分もついやってしまっていないか注意しておくことが必要かもしれませんね。

かくいう私も、基本的に何でもチャレンジしてみたらいい、失敗してもそこから学べばいいんだよ！　と思って生きてきたタイプであり、絢夏のように軽く人の背中を押してしまいがちなので、気をつけなくてはと思います。

後輩を育てていく立場になり、どう指導したらいいのかと考える際には、自分がよかれと思うことをやるという視点だけではなく、相手に合わせていく視点をもつことが大切です。ここでは、後輩を育てていく時に気をつけておきたいポイントについて考えていきましょう。

後輩を育てていく時に気をつけておきたいポイント

相手の意見を聞く余白を残しておく

誰も、自分の価値観を相手に押し付けてやろうと思っているわけではないでしょう。しかし、リーダーとして提案やアドバイスをすることが必要な場面も多く、伝え方には悩むものですよね。そんな時に大切にしたいのは「こうすべき」「絶対にこれがいい」と自分の意見を主張するだけではなく、「私はこうするべきだと思うけど、どうかな？」と自分の意見を伝えたうえで相手の意見を聞く余白を残しておく姿勢です。「どうかな？」と同じ言葉を使っても、威圧的だと余白を残していることにはなりません。非言語で伝わる話し方・

態度や表情などにも気をつけて、相手が意見を言える余白を残しておくことが大切です。

相手の表情をみる

素敵なアイデアを思いついて「こうしてみたらいいんじゃない？」と提案する――リーダーとして後輩の相談に乗ったりアドバイスする時には、こういう場面がよくあるでしょう。自信のある素敵な提案であればあるほど、人は相手の表情に目もくれず、自分の「よかれ」という気持ちで進めていこうとしがちです。

漫画のなかで、絢夏からの園内研修の提案に「はい」と答えてしまった楓のように、リーダーのあなたの提案に、言葉では「わかりました」「いいですね」と言ってくれる後輩は多いかもしれませんが、本当にそう思っていないということがあるかもしれません。言葉だけをキャッチするのではなく、相手の表情にも気を配り、気持ちを汲み取り、相手が納得して取り組める提案やアドバイスができるように気をつけましょう。

得意・不得意を知る

時間管理がとても得意で、計画を立てて物事をスムーズに進められる人もいれば、「やろ

う と思っています」とずっと言い続けてなかなか業務が進まない人もいます。本人は悪気があるわけではなく、本当にやろうと思っているようですが…優先順位をつけて仕事をすることが不得意なのです。誰しも、得意なこともあれば不得意なこともあるものです。苦手なことを克服していけるように指導をしたり、本人が努力したりすることはもちろん大切です。しかし、足の遅い人がどんなにがんばったとしても、すぐに速く走れるようになるわけではないように、苦手なことは少しのがんばりや精神論ですぐに克服できないことが多いものです。

優秀な人ほど、相手の不得意に目を向けずに「これくらいできるでしょう」と難しい仕事を気軽に任せたり「どうしてこんなこともできないの?」とイライラするものです。自分と相手は違うということを前提として、相手の得意・不得意を理解して指導することが大切です。

また、苦手なことへの配慮も大切ですが、適材適所の采配をして、得意なことを活かせる場をつくることも大切です。苦手なことを指摘されてばかりいると、自信ややる気がなくなってしまうものです。後輩の得意なことを把握し、その力を十分に発揮できる場面をたくさんつくれるようにしましょう。一つでも自分の力を存分に発揮できる場面があると、その経験が自信となり、もっとがんばりたい！ と仕事へのモチベーションが上がったり、ほかのこともやってみようと意欲的になれたりするでしょう。リーダーとして、メンバー一人ひとりが自分の力を発揮し、活き活きと働けるチームづくりを目指していきたいですね。

翌朝—
昨日はすみませんでした…
楓さんがあんなに苦しんでいるなんて思ってもみなくて…
私に謝ることじゃないでしょ
絢夏さんは楓さんならできると思って期待をかけたんでしょう？
はい…そうなんですけど…
期待をモチベーションにできる人もいればプレッシャーに感じちゃう人もいるのよ
程度とかタイミングにもよるしね
そうですよね…
ず～ん
でもあまり気にしすぎないこと
優秀な後輩に期待をかけるのは当たり前のことなんだから
あっ
絢夏さん昨日はゴメン！
取り乱しちゃって…
私同時に二つ以上のことを考えるの苦手で…
タタタッ
ねっちゃんと立ち直っているでしょう？
ん？そりゃそうですよ
一晩眠ればたいていのことは忘れられます
よかった～
でもこれは反省しなきゃ…
リーダーとして期待を表明することは相手にプレッシャーを与えることにもなるんだ…

column

中村章啓

期待はモチベーション？プレッシャー？

ハキハキと自分の意見を言い、時には同僚と衝突することも辞さないくらい意欲的な楓さんに、絢夏さんは大きな期待をかけています。その現れとして、事例提供を頼んだり、キャパシティオーバーで混乱しかけている後輩のヘルプに向かってもらいました。その場は何とかこなした楓さんでしたが、実はかなりプレッシャーを感じていたようですね。

解説でもふれていますが、快く了解してくれても、それが本音とは限りません。「すみません、無理です」と言える信頼関係が築けていない場合もあるでしょうし、期待に応えようと無理をすることもあるでしょう。相手の意見を聞く余白を残したり、相手の表情を読み取る余裕が絢夏さんになかったことも、楓さんを追い込む要因でしたね。

リーダーも、園長や主任の期待を、ある時はモチベーションに、ある時はプレッシャーに感じながら成長します。そして、保育者と子どもの関係も同様で、すべてが関連しています。

おっ
バッタ捕まえた！
私はテントウムシ！
タタタッ
ショウリョウバッタかな？
こっちは多分オオニジュウヤホシテントウだね
へ
どこで捕まえたの？
花壇の端っこの草が生えてるところ
トマトの畑の近く
ねえ楓さん
虫捕りマップを作ったらどうかしら？
それいいですね送迎のときにおうちの方も見てくれるかも
しばふのひろば
つきやま
びわのき
かだん
すいどう
あそこに行くとバッタが
ダンゴムシは？
園内の環境に興味をもってもらえるといいね
ですね！
園庭ってこんなに虫がいるのね
おおっすごいっ

夕方ー
ダメッ！さわらないで！
?!
3歳児クラス保育室
こわれちゃうでしょ！
なにコレー
さわりたーい
ワイワイ
楓さん これは何？
あ〜っ さわらないでっ
何って虫捕りマップですよ 絢夏さんが薦めてくれましたよね
あー… そうか… ごめんなさい 私の伝え方が悪かった
えっ…？
がんばってつくったのに…
これは… お互いにイメージを共有できたつもりで うまくいってなかったって感じかしら…？
はい… そうみたいです…

解説

漫画のなかでは、伝わったはずと思っていた虫捕りマップについて、情報が不足していたばかりに、まったく別のイメージとして伝わってしまったという事例が描かれていました。保育現場ではこのような小さな勘違いやイメージの相違などが起こり、伝えたはずのことが何だかうまく伝わらなかった経験がある人も多いのではないでしょうか。

私が担任をしていた時、製作物の準備をパートさんに頼んだら、イメージしていたものと全然違うものが出来上がってきたことがありました。また、ホールで夏祭りの装飾をしていたら、園長のイメージしていた装飾ではなかったとのことで、前日に装飾を大きく変更しなくてはならなくなり、大変な思いをしたこともありました。特に形のないイメージを共有しなくてはならない場合には、こうしたことが起こりがちです。

「伝える」ではなく「伝わる」を目指す

「大きな丸の中に小さな丸を二つ描いてください」と言われたら、皆さんはどんな図を描きますか？

図4は、どれも「大きな丸の中に小さな丸を二つ描いたもの」です。同じ情報を伝えても、まったく別の図が出来上がってしまいました。こんなに簡単なことでもこれだけ違ってしまうのですから、イメージを伝えることはとても難しいことですね。「伝える」ことと「伝わる」ことは似ているようですが、実はまったく違うものなのです。

「伝える」とは、自分の考えや物事を一方的に相手に受け渡すことです。相手がどう受け取ったかではなく、自分がどう伝えたかが重要になります。一方で「伝わる」とは、自分の伝えたいことが相手に理解されている状態のことです。自分がどう伝えたかは重要ではなく、相手がどう受け取ったかが重要になります。コミュニケーションをするうえで、伝えたはずと思うことが多いのですが、どんなに伝えたとしても、伝わっていなければ意味がありません。

人はつい、自分を主語において「伝えた」と感じるものです。メール等を送っていればその履歴

図4　大きな丸の中に小さな丸二つ

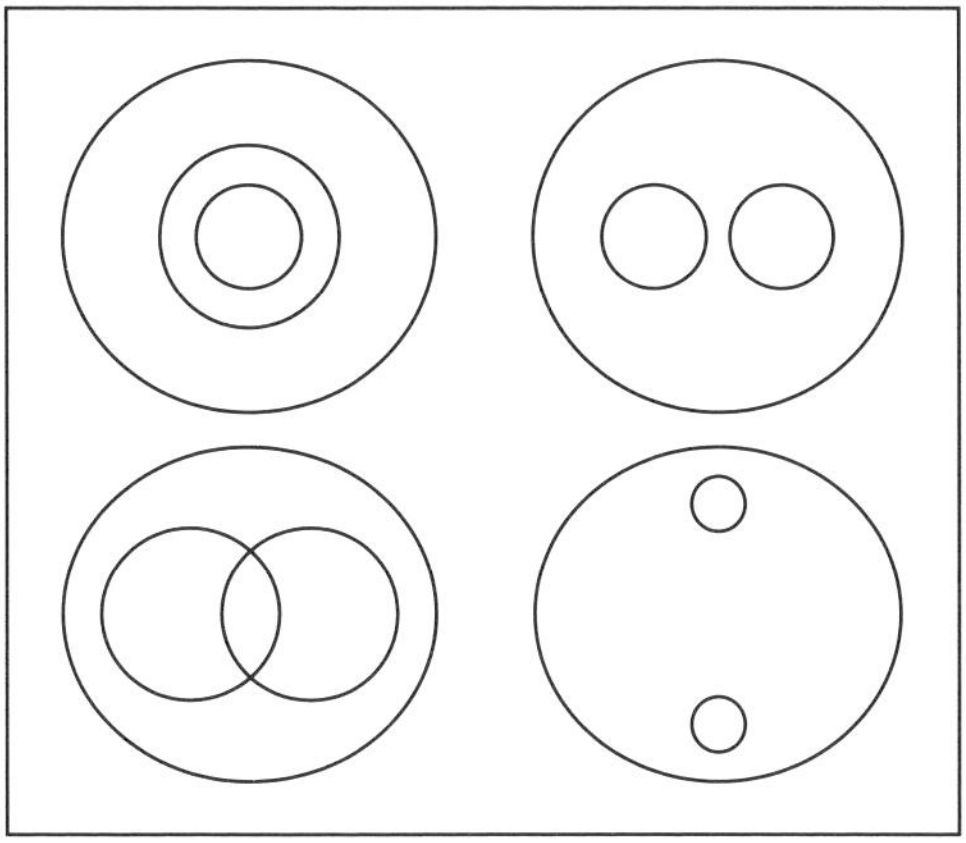

を見返して「ほら、ちゃんと伝えていたじゃないか」と怒ったり、会議録を見返して「ここでちゃんと伝えているよね」と指導することがあるかもしれません。

しかし、後輩を指導したりメンバーを牽引《けんいん》するリーダーとしては、「伝える」だけではなく「伝わる」ことを目指してコミュニケーションしていきたいものですね。ここでは、相手に「伝わる」ためのポイントをお伝えしたいと思います。

相手に「伝わる」ためのポイント

具体的に伝える

たくさん作ってください、少し大きめの…　など、抽象的な言葉はできるだけ使わないようにしましょう。10㎝、10枚など、可能なものは数字で示すとよいでしょう。「かわいい色」「明るい色」というのも、人によってイメージが異なります。イメージどおりに作ってほしい時には、ここは赤、ここはピンクで…　と具体的に伝えましょう。

視覚情報にして伝える

イメージを言葉で伝えるには限界があります。製作物を作ってもらう時は、見本を一つ作って「これと同じものを10個作ってください」とお願いするといいでしょう。こんなものを作りたいんだ、とネットで検索した画像を一緒に見るのも効果的です。見本がない時には、実物大の絵を描くなどして、イメージを視覚情報にして共有しましょう。

実際にその場所に行って伝える

屋上のこっち側に…　2階の本棚に…　など、記憶をたどって指示する時には、イメージの相違が生まれやすいものです。実際にその場所に行って、「ここにこうやって貼ろう」「この角度で置こう」など具体的に確認するようにしましょう。

所要時間の目安を伝える

人に何か作業をお願いする時に、所要時間のイメージが大きく異なることがあります。時間をかけても丁寧にやってほしいこともあれば、大体でいいので効率よくやってほしいこともあるでしょう。具体的な目安の時間を伝えたり、プレゼントするものだからきれいにやってほしい等の理由を伝えたりするといいでしょう。

相手の受け取りやすい形にして伝える

子どもたちのなかにも、視覚的な情報のほうが理解しやすい子もいれば、聴覚からの情報のほうが理解しやすい子もいますよね。東京都教職員研修センターの小中学生の指導に関する研究資料のなかでは、情報を知覚する手段として「聴覚優位：聴覚からの情報収集・理解を得意とする」「視覚優位：視覚からの情報収集・理解を得意とする」「体感覚優位：体感したり、行動したりすることからの情報収集・理解を得意とする」という三つのタイプが挙げられています。

小中学生の話ではありますが、大人も同じではないかと思います。伝えたいことを紙に書き出すと、整理されて理解しやすいという人もいれば、文字を読むよりも話で聞いたほうが理解しやすい人もいます。「伝える」ではなく「伝わる」ように、情報を相手の受け取りやすい形にすることが大切です。端的に話したほうが理解しやすいという人もいれば、理由までしっかり聞きたいという人もいるかもしれません。どうしたら受け取りやすいか、相手のことをイメージして工夫しましょう。

進捗を細かく確認する

大切なのに意外と難しいのが、進捗を細かく確認することです。お願いしておいたのに間に合っていない、伝えておいたのに忘れられていた、という経験がありませんか。相手のせいにすることは簡単ですが、ここはリーダーとして、自分には何ができるかを考えたいところです。「伝えた」で終わらせずに、自分の伝えたかったことがちゃんと相手に伝わっているのか、忘れられずに進んでいるのかなど、こまめに確認しましょう。伝わっていなければ、伝え方を少し変えて伝わるように工夫しましょう。

翌朝ー
う〜〜ん…
楓さん
昨日は
ごめんなさい
うまく説明
できなくて…
私も絢夏さんが
言ってくれたことを
わかったつもりに
なってたんです
イメージを言葉で
伝えあうって
すごく難しいですよね
私たち二人とも
言語化が苦手なのよね
それで今日は…
資料を
持ってきたよ
ジャーン
おおっ
うんうんっ
あっ
この掲示の
仕方いい
ですね！
なるほど
こういうことか
うんってね
例えば…
キュ
キュ
キュッ
あ〜っ
そういうことか
私も今
思いついたん
ですけど…
今回はうまく
コミュニケーション
できてる気がする
指示・伝達にも
「見える化」は大切なのね
楓さんがイメージしている
ことも理解しやすい
うんうん
それいいねっ

column

中村章啓

イメージは伝わらない

絢夏さんも楓さんも視覚優位タイプですね。でも残念ながら、言語化はあまり得意ではないようです。今回のエピソードは、二人のようなタイプが陥りやすい失敗の典型です。それぞれが別のイメージを思い浮かべながら相談していますが、言語化できている部分が少なく、やり取りに齟齬《そご》が生じません。だから、お互いに「伝わった」「理解できた」と思い込んでいます…。

このケースでは、絢夏さんが「伝え方が悪かった」と自分の非を認めたので、改善もスムーズでした。現実では、「私はちゃんと伝えた」と主張したくなることも多いでしょうね。しかしリーダーは、指示は相手に伝わってこそ意味をなすと理解しておきたいもの。文字や言葉による説明と、写真や図解などの視覚情報、実際の行動や操作を伴う指示や指導を心がけましょう。これは、活動などを子どもに説明する時にも役立ちます。

熱心にドキュメンテーションを続けてくれていますね
保護者の反応はどうなのかしら
連絡ノートでもその日の様子はお伝えしていますが写真付きで具体的なエピソードをお見せするとそれをきっかけにお話も弾みます
幸い好評です
こっちのファイルはバックナンバーかしら
はいっ
クラス全体をまとめたものと一人ひとりの子どもごとに抽出したものをいつでも見られるようにしています
なるほどクラスの遊びの展開の記録と個々のポートフォリオをそれぞれ活用しているのね
はい！
はっ
これはぜひ園全体で取り組みたいわね
えっ?!
ダメ
先日受けた研修でこれからの保育には『見える化』が重要って聞いてきたの
あっ楓さん…

まず乳児クラス全体に広げて いずれは幼児クラスにも取り組んでもらいたいのよ
いいアイディアでしょう?
うちのクラスもまだ手探りの段階なので…
うーん… うちのクラスは何とか続けられていますが 0歳児クラスは難しいし幼児さんもどうかなぁ…
パシャ
絢夏さーんっ
ひょこ
聞いちゃったんだけど 園長は私たちにもドキュメンテーションやらせようとしてるの?
コソ
保育の見える化には有効だし うちのクラスでやってみてるけど保護者にも好評よ
これ以上書類が増えたらパンクする!
何とか断ってよ~ 絢夏さん
私も同感です サービス残業や持ち帰り仕事が増えると思います
ええ…でも…
幼児は加配がないし今でも書類が多くてギリギリだから…
どうしよう… 園長・主任の考えも楓さんが困るのもわかるし…
園全体で取り組めているところはどんな工夫をしているんですかね? 人手や時間が足りないのはどこも一緒ですよね
?
そうか! 実践園の事例を調べてみるね

解説

保育を「見える化」する

みなさんの園でも、保育の見える化を意識した取り組みをされているのではないでしょうか？　漫画のなかでは「ドキュメンテーション」を活用している事例を紹介しました。ドキュメンテーションやラーニングストーリーなどの手法を取り入れている園もあれば、独自のやり方で保育の見える化に取り組んでいる園もあるでしょう。毎日の記録として取り入れていなくても、クラスだよりや保護者会等で、子どもたちの成長の様子を伝えているのではないでしょうか。

保育者は、ただ子どもをかわいがったり、子どもと楽しく遊ぶことだけが仕事ではありません。普段の保育のなかで、子どもたちが何を感じ、何に興味をもっているのか、そしてそこにどんな成長があるのかを丁寧に汲み取り、子どもたちがより豊かに育つ環境を整えていくことが仕事です。日々忙しいなかで過ごしていると、自分の保育を振り返ったり子どもの育ちを丁寧に汲み取ることができず、行き当たりばったりの保育になってしまうかもしれません。保育の見える化をすることで、目には見えない子どもの心の動きに気がついたり、よりよい保育の手立てを考えたりすることができ、保育の質の向上につながることでしょう。

また、保育者や保護者に保育の意図や思いを伝えていくためにも、見える化は大切です。「今日は砂場で遊びました」という事実だけでは、その意味や大切さは伝わりません。その遊びのなかで起きていた子どもたちの心の葛藤や友だちとのかかわりあい、そこで子どもが感じたり学んだりしていることが共有されることで、保育者同士が同じ方向を向いて保育を進めていくきっかけになるでしょう。加えて、保護者との信頼関係を築くことにもつながります。

上司と現場との調整役

漫画のなかでは、ドキュメンテーションを導入していきたい園長・主任の意見と、「絶対無理、断って」という楓との間に挟まれた絢夏の姿が描かれていました。上司としてやってほしいこともあるけれど、現場としては難しい、そんな場面に遭遇したことがある人も多いでしょう。

リーダーは、上司の期待に応えたいと思いつつ、現場の意見もわかるといういわば中間管理職のような立場です。現場の主張だけをするのではなく、上司の指示を押し付けるのでもなく、どちらの意見にも耳を傾け、調整していくことが大きな役割の一つとなります。そこで、こうした時の行動をいくつか挙げてみます。

言葉の裏にある思いを汲み取る

上司から指示された内容だけに目を向けていると、楓が「できない」と思ったように、できるかできないかという二つの軸で判断してしまいがちです。しかしここで大切なのは、指示された内容だけではなく、その裏にある思いに目を向けることです。漫画のなかで、園長は保育の見える化を通して保育の質を上げたり、保護者の理解を促したりすることを期待していることが想像されます。思いを汲み取って考えることができると、たとえ指示された内容ができなくても、「こういう形であれば可能ではないか」と柔軟な視点をもって新しいアイデアを提案することができるのではないでしょうか。

また、現場の話を聞く時にも、言葉の裏にある思いを汲み取ることが大切です。楓の「無理」「断って」の言葉だけを受け止めると、どうにかして楓を説得しようと思ったり、上司にやめてほしいと伝えなくてはと思ったりしますが、それでは調整役は務まりません。楓はドキュメンテーションの作成自体が無理なのではなく、書類を作成する時間がないから無理だと言っています。そんな「無理」という言葉の裏にある思いに目を向けると、どのように調整すればよいのか、本当の問題点はどこにあるのかが見え、解決の糸口を探すことができるでしょう。

表面に見えている問題は、氷山の一角といわれます。見えている問題を解決しようとしても根本的な解決にならず、どこかにしわ寄せがいき、また新たな問題が生じることになるでしょう。見えている問題の下に潜んでいる「どんな時にそうなるのか」というパターンや、「なぜそう思うのか」という思いに着目し、問題を根本から解決していくことが大切です。

両者の話を聞く

リーダーになると、上司と部下だけでなく、もめ事の間に入って話をとりもつ場面が増えてくることもあるでしょう。Aさんの話を聞いていたらBさんがいけないと思ったけれど、Bさんに話を聞いてみたらAさんもいけないような気がしてきた。こんな経験は誰にでもあるのではないでしょうか。立場が違えば見えている景色や思いも違うもの。お互いの話をしっかり聞くことが大切です。

ほかのリーダーに相談する

リーダーになったからといって、どんな問題も解決していけるわけではありません。どんな現場にいたとしても、よりよくしようと思えば思うほど悩んだり、何らかの課題にぶつかったりするものです。真面目なリーダーほど、自分が解決しなければと悩みこんでしまうもの。上司や自分の組織のメンバーに相談しづらい時には、ほかのリーダーに相談してみましょう。一人で悩んでいる時には思い浮かばなかった名案をくれることがあるかもしれません。悩んだ時には、「相談する」「誰かに頼る」ことを忘れないでくださいね。

他園の様子を覗いてみる

みんなで揃って「いただきます」の挨拶をしてご飯を食べ始めることが当たり前の保育所で働いていた私は、子どもたちが自分のタイミングでお腹が空いたらご飯を食べ始める園がある、という話を聞いて驚きました。え、どうやったらそんなことできるの？　うちでは絶対無理だけど…　そんなふうに思ったことを覚えています。

他園の保育者と話をすると、自分の園でやっている当たり前が実は当たり前ではなかった、ということがあり、保育にはさまざまな考え方ややり方があるなと思わされます。逆に、自分の園のなかだけで保育を考えていると、いつの間にか視野が狭くなり、柔軟な考え方ができなくなってしまいがちです。また、時間のないなかでどのように情報共有をしたらいいのかなど、似たような課題を抱えていることも多いでしょう。他園での工夫を知ることで自園の課題を解決するヒントをもらえるということはよくあります。新しい取り組みを始めたり、どうしたらいいかと悩んだりした時には、本で情報収集をしたり知り合いに聞いたりして他園の実践を参考にするといいでしょう。

リーダーミーティング
園長先生 ノンコンタクトタイムってご存知ですか？
この間の研修で聞いたわ 直接子どもとかかわらない時間のことよね
会議や研修とか事務仕事をする…
はい ドキュメンテーションを導入するならうちにもそれが必要だと思うんです
なるほど…
でも今の人員では難しいわね
記録や計画の書類を整理して負担を減らしたらどうでしょうか
ドキュメンテーションは保護者との情報共有だけでなく子どもの姿を振り返ったり次の計画に活かすのが本来のあり方です
役割が重なる書類を減らすことができれば導入しやすくなるってことね
はい！
幼児リーダーとしても絢夏さんの意見に賛成です
わかりました まず業務軽減を優先しましょう
とてもいい提案だと思います 何だかリーダーらしくなってきましたね
やった！

column

中村章啓

マネジメントへの参画

上司と部下の板挟み…、これこそリーダーの最大にして最もありふれた悩みですね。太郎さんと楓さんの衝突の時も、双方の想いが理解できるだけに、絢夏さんは葛藤しました。今回も、保育の質を高める取り組みを進めたい園長の考えも尊重したいし、これ以上事務負担が増えたらパンクするという楓さんの切実な訴えにも共感しています。この葛藤を乗り越えるために、絢夏さんは、新人の麻衣さんに意見を求めたり、アイデアを積極的に取り入れました。年齢や経験年数にとらわれずに広く意見を求められるのは、絢夏さんが備えている優れたリーダーとしての資質ですね。

今回は、クラス内の課題解決や後輩への指導の枠を超えて、園全体の業務改善につながる提言ができました。園長や主任が求める理想のリーダー像の一つは「理念や方針を理解し、現場に浸透させ、質の高い実践につながる提言ができる」ことです。絢夏さんは、その域に近づいてきましたね。

数年後ー
えええ～!!
ビクッ
私がリーダー…？
ぜひお願いしたいの
楓さんもそろそろ後進指導や職員の…
いやいやいやいやいやいや絶対無理です！ありえないから！
ムリムリムリムリ…
ガチャ
つっ
ちょっと待ちなさい楓さん
あっ
ニコニコ
絢夏さん聞いてよ～
私4月からリーダーだって…
知ってる私が推薦したから

えー…
私イヤですよ
りくさんや
絢夏さんが苦労してる
の近くで見てるし
その割に
お給料上がらないのも
知っているし
まぁ
それはそう
なんだけど…
う〜ん…
ぷっ
リーダーになると
現場の保育者以外の
視点ももてて
成長できるわよ
そうですよね
それは現場でも
役に立つし
そーかなー…
でもリーダーの役割って
ピンと来なくて…
私りくさんや
絢夏さんとは
キャラも違うし…
え〜っと…
まずはあなたから見て
「こんなリーダーがいたら
働きやすい」って思える人に
なればいいのよ
私の理想で
いいんですか…？
リーダーと
いえば…
いつでも
優しく話を
きいてくれる
いつでも
一生懸命

そう
そして
あなたらしく
私らしく…
うんうん
絢夏さんも
すっかりリーダー
らしくなりましたね
あっ
ありがとう
ございます
パァァァ
…ということで
楓さんの指導は絢夏さん
にお願いしますね
次世代リーダー育成
はリーダーの大切な
仕事ですからね
えっ?!
おねがい
しまーす
やられた…
リーダー育成なんて
全っ然自信ない…
きっと
また成長
できるわよ
アハハ
いっしょに
がんばろ～

参考図書

秋田喜代美『リーダーは保育をどうつくってきたか―実例で見るリーダーシップ研究』フレーベル館、2018年
ダニエル・ゴールマン、リチャード・ボヤツィス、アニー・マッキー著、土屋京子訳『EQリーダーシップ　成功する人の「こころの知能指数」の活かし方』日本経済新聞出版、2002年
福島正伸『メンタリング・マネジメント　共感と信頼の人材育成術』ダイヤモンド社、2005年
播摩早苗『保育者を育てる！　悩めるリーダーのためのコーチング』フレーベル館、2016年
今井和子『主任保育士・副園長・リーダーに求められる役割と実践的スキル』ミネルヴァ書房、2016年
石井淳『行動科学を使ってできる人が育つ！　教える技術』かんき出版、2011年
喜島忠典『現場リーダーのための部下が育つ組織をつくる技術　意外に知らない「OJT、コミュニケーション、評価」のコツ』労務行政、2015年
厚生労働省『保育所保育指針』フレーベル館、2017年
厚生労働省『保育所保育指針解説』フレーベル館、2018年
小野善生『最強の「リーダーシップ理論」集中講義』日本実業出版社、2013年

おわりに

保育・幼児教育に携わる者として、リーダーの存在の大きさを日々実感しています。実践に不可欠な知識や技術を指導することをはじめとして、若手の悩みや不安に寄り添ったり、保護者との信頼関係の構築を担ったり、現場と運営者の橋渡しをしたりと、リーダーが担う役割は実に多岐にわたります。その一方で、リーダー育成の体制を整備している施設は、おそらく非常に限られています。２０１７（平成29）年に「保育士等キャリアアップ研修の実施について」の通知が発出されるまで、本書でいうような保育リーダーの概念をもたなかった施設運営者も多かったはずです。

現在、各地で開催されているマネジメント分野のキャリアアップ研修には、多くの専門リーダー・分野別リーダーが参加しています。私はそこに企画・運営者としてかかわることがありますが、参加者の感想レポートを読むと、「この内容は、園長・主任にこそ受講してもらいたい」という声が非常に多いことに気づかされます。そこには、園長・主任にマネジメントの手腕が欠如しているという嘆きももちろんあるのでしょうが、自園にリーダー育成の仕組みを根づかせたい、自分たちが味わってきた葛藤や困難さから後進を解放したいという願いも読み取れました。

著者の菊地奈津美さんが実践を通じて培った知見を盛り込んだ『保育リーダーの教科書』は、リーダー1年目の絢夏さんを主人公にしていますが、園長や主任が自身のマネジメントを見直すうえでも十分役立つ内容となっています。私は漫画部分のシナリオおよびコラムの執筆に協力させていただきました。若い頃からの夢がかなって、正直舞い上がっております。

最後に、拙いうえに遅筆な私に辛抱強く付き合ってくださった、著者の菊地奈津美さん、漫画家のシロシオさん、そして中央法規出版第1編集部の平林敦史さんに深く感謝申し上げます。

幼保連携型認定こども園野中こども園　副園長　中村章啓

執筆者一覧

著者

菊地奈津美（きくち・なつみ）

こどもの王国保育園西池袋園園長。聖徳大学児童学科卒業後、さいたま市および板橋区の公立保育園で7年間保育士として勤務。その後、東京学芸大学芸の森保育園にて主任保育士兼研究員として勤務。2017年にこどもの王国保育園を設立、現在に至る。YouTubeチャンネル「保育士ちょび園長の保育・子育て応援TV」にて保育の情報を発信中。保育者が夢を発表する場「保育ドリームプラン・プレゼンテーション」を立ち上げ、代表を務めている。

協力

中村章啓（なかむら・あきひろ）

幼保連携型認定こども園野中こども園副園長。日本大学芸術学部映画学科脚本コース卒業後、舞台美術、編集プロダクション、地方公務員等を経て、2000年より野中保育園に勤務、現在に至る。

漫画

シロシオ

イラストレーター・漫画家。京都精華大学デザイン学科卒業後、デザイン関係の仕事に勤務後、2010年にイラストレーターとしての活動を開始。2017年には漫画の仕事も開始。著書に『脱オートモードでこんなに写真がうまくなっちゃった！』（ナツメ社）がある。
＜S-ray ポートフォリオサイト＞
https://www.sray-shiroshio.com

楽しみながら成長できる

保育リーダーの教科書

2021年5月10日　初　版　発　行
2023年4月1日　初版第2刷発行

著者　菊地奈津美
協力　中村章啓
漫画　シロシオ
発行者　荘村明彦
発行所　中央法規出版株式会社
〒110-0016　東京都台東区台東3-29-1　中央法規ビル
Tel 03-6387-3196
https://www.chuohoki.co.jp/

印刷・製本　株式会社アルキャスト
装幀・本文デザイン　山田知子（chicols）

定価はカバーに表示してあります。
ISBN978-4-8058-8298-6